손석희가
말하는법

일러두기

이 책은 방송을 통해 널리 알려진 언론인 손석희의 발언을 교재 삼아, 독자들의 커뮤니케이션 능력 향상을 위한 실천적 방안을 모색한 책이다. 책에 인용된 손석희의 말 이외의 내용들은 오로지 저자 개인의 독자적인 연구 내용이다. 그 정확성과 타당성에 관한 모든 책임은 전적으로 저자에게 있으며, 손석희 개인과는 아무런 관련이 없다. 그의 탁월한 말하기 능력을 이 시대를 살아가는 우리 모두의 귀중한 자산으로 삼아 한 걸음 더 나아갈 수 있도록 나의 모든 능력과 열정을 기울였다. 이 책에서 인용하는 손석희의 대화 내용 대부분은 MBC 라디오에서 가져왔다.

손석희가 말하는법

부경복 지음

목소리를 높이지 않고
상황을 장악한다

들어가는 글

손석희 사용설명서

우리는 말 잘하는 사람이 되고 싶어 한다. 그래서 화술 책도 읽고 심리학 책도 읽는다. 그러나 화술은 그때그때의 기술과 기교에 집중하는 요령이라 상황이 바뀌면 도움이 되지 않는다. 상대방을 잘 설득하거나 협상에서 유리한 결론을 얻기 위해 심리학 법칙을 공부해보지만, 몇 번 반복하다 보면 상대방도 의도적인 설정을 하고 있다는 사실을 알게 되기에 그 효과는 단기적이다.

말을 잘할 수 있는 가장 확실한 방법은 무엇일까? 우리는 골프를 잘 치기 위해서 세계적인 골프 선수들의 스윙 자세를 한 장면 한 장면 반복해서 보고, 연구하고, 따라 하는 것을 볼 수 있다. 말 잘하는 방법도 이와 다르지 않다.

가장 말 잘하는 사람이 가장 좋은 교재다. 그들이 말하는 방법을 이해하고, 내가 말하는 방식과 어떻게 다른지 비교해보고, 그 특성을 익혀 반복 활용하기, 그것이야말로 기교적인 화술이나 한두 번 써먹으면 통하지 않는 심리적 기교에 의존하지 않고 제대로 말 잘하는 사람이 되는 가장 확실한 방법이다. 우리는 흔히 말 잘하는 사람은 천부적인 말재주를 타고났다고 평가한다. 그래서 그런 재능을 타고나지 못한 우리의 서툰 말솜씨는 그저 말주변이 없는 탓으로 치부한다. 그러나 말 잘하는 사람들의 말을 자세히 들여다보면 일정한 법칙이 보인다. 그냥 타고나는 것이 아니다.

우리나라에서 가장 말 잘하는 사람은 누구일까? 사람들은 주저 없이 〈100분 토론〉과 〈손석희의 시선집중〉으로 우리 국민들에게 수년간 자신의 목소리를 전해온 JTBC 손석희 사장(편의상 직위와 존칭은 내용상 따로 필요한 경우를 제외하고는 처음 한 번만 쓰기로 한다. 이 책에 등장하는 다른 인물에 대해서도 마찬가지다)을 꼽는다. 그러나 그의 말은 왜 '잘하는 말'로 들리는지, 그는 왜 우리와는 다른 방식으로 말하는지, 우리도 그처럼 '말 잘하는 사람'이 되기 위해서는 어떻게 해야 하는지 깊이 논의해보지 못했다.

이 책에서는 손석희가 한 말을 우리가 말하는 방식과 하나씩 비교할 것이다. 우리와 다른 방식으로 이야기하는 그의 말을 놓치지 않고, 그가 구사하는 화법의 특징들이 대화 속에서 어떤 역할을 하는지 짚어볼 것이다. 이를 통해 손석희가 말하는 법에서 나타나는 일관된 법칙들을 찾아내 우리의 말하기에서 활용하도록 할 것이다.

《손석희가 말하는 법》은 기교적인 화술로 그럴싸하게 말하려는 사람을 위한 책이 아니다. 심리적 설정을 이용해 상대방을 내 뜻대로 움직여보려는 이들을 위한 책도 아니다. 다른 사람들이 자기 생각을 보다 쉽고 정확하게 이해하고 수긍할 수 있도록 말하는 능력을 갖추고 싶은 사람을 위한 책이다. 상대방 주장의 오류를 보다 정확하고 분명하게 드러낼 수 있는 말하기 능력을 갖추기 위해 노력하는 사람들을 위한 책이다.

우리 시대는 이런 의미에서 '손석희'라는 교과서를 선물받았다. 우리는 이 책을 통해서 손석희는 왜 우리와 다른 방식으로 말하는지를 따져보고, 생각해보고, 그가 말하는 법을 익힐 것이다. 그러는 동안 '생각 전달 능력'을 갖춘, 진정한 의미의 말솜씨를 쌓을 것이다. 부드러우면서도 칼날같이 예리하고, 절제된 말 속에서 상대방을 압도하는 사람, 손석희. 그가 말하는 법을 배워보자.

이 책을 쓰는 동안 우리 법률사무소 TY & PARTNERS 식구들의 도움을 많이 받았다. 그들은 어렵고 딱딱한 법률 문제를 의뢰인들이 보다 쉽게 이해하고 유용하게 활용할 수 있도록 돕기 위해 필자와 함께 국내외 커뮤니케이션 능력에 관한 여러 연구와 교재를 조사하고 섭렵하는 노력을 하고 있다. 앞선 책 《변호사처럼 일하는 직장인이 성공한다》에서 독자들의 이해도를 높이는 데 핵심 역할을 맡았던 곰돌 씨는, 이 책의 준비 과정에서도 저자에게 큰 영감을 주었다. 이 책의 주제에 관한 저자의 생각들은 http://noophi.com에서 나누고 있다.

이 책은 손석희의 말을 모아두거나 늘어놓은 책이 아니다. 손석희가 말하는 법을 가장 잘 보여주는 토론 내용과 말과 글을 선별하고 깊이 있게 분석하여, 손석희 특유의 말하는 법의 의미와 역할을 이해하고 체화할 수 있도록 돕기 위한 책이다. 물론 부족한 점에 대한 모든 책임은 오로지 저자에게 있다. 그러나 이 책이 독자들의 말하기 능력을 한 단계 높이는 데 조금이라도 도움이 된다면, 그 공은 우리 시대에 이성과 합리가 가야 할 길을 보여준 손석희와 그의 말을 빠짐없이 기록하고 공개해준 MBC 라디오 〈손석희의 시선집중〉 팀에 돌아가야 한다.

2013년 여름
부경복

| 차례 |

들어가는 글 손석희 사용설명서 4

Part 1 손석희의 말하기 능력

1장 **말 잘하는 사람이 인정받는 이유**
연봉을 결정 짓는 의사소통 능력 15
지식산업사회의 협업 능력 16

2장 **지적 대화의 달인, 손석희**
논리적 커뮤니케이션 능력 21
가장 말 잘하는 사람 22

Part 2 손석희가 논쟁하는 법

3장 **상대방과 싸우지 않고 생각과 싸우게 한다**
싸우게 하되 싸우지 않는 차분함 33
사람이 아닌 생각과 싸우게 한다 45
싸우지 말고 반대 생각을 제시하라 52

4장 **생각을 말하지 않고 사실로 말한다**
사실은 명쾌하다 59
오바마의 방식, 사실로 생각 드러내기 64
논리적 커뮤니케이션에 대한 인식 73

5장 **상대방이 알고 있는 예를 든다**
서로 아는 사례의 구속력 76
안토니우스가 브루투스를 물리친 힘 78
마틴 루서 킹이 말하는 꿈 83
상대방도 알고 있는 예시, 논리의 울타리 85

6장 다수에게 합리성을 요구한다

강한 자에게 엄격한 통쾌함 90
토머스 제퍼슨이 민주주의를 말하는 법 94
다수를 인정하고 소수를 기억한다 96

7장 논리의 벼랑 끝에 세우고 돌아선다

칼을 거두어 예리함을 완성한다 101
설득은 없다 102
청문회 스타, 노무현의 말하기 107
버락 오바마가 승리를 완성하는 방법 110
싸우지 않고, 논리의 예리함으로 진실을 들추다 114

8장 상대방의 말로써 상대방의 오류를 보인다

상대의 말을 다시 활용하는 절묘함 122
자신의 말을 자신이 듣게 한다 125
상대의 말로 상대를 묶어라 132
경청은 나약함이 아닌 부드러움이다 137

9장 주장을 내세우는 자에게 사실을 요구한다

사실을 요구해 상대를 무력화시키는 힘 143
사실 검증의 장으로 유인하라 152

10장 대조함으로써 진실을 밝힌다

대조를 통해서 분명하게 판단한다 155
존 F. 케네디의 대조화법 156
대조를 통해 논리의 빛을 밝혀라 161

Part 3
손석희의 생각과 말하기

11장 다름을 인정할 때 하나가 될 수 있다
여럿으로 된 하나 169
다름을 인정하고 토론을 말한다 172
모든 색깔을 담아내는 강렬한 투명함 181

12장 생각은 내일을 향하되 말은 오늘에 집중한다
오늘을 검증한다 189
차가운 오늘, 뜨거운 미래 194

13장 숫자로 생각을 말한다
데이터가 관념을 이긴다 198
위대한 지도자의 강력한 논리, 수치 200

14장 듣고 있는 제삼자를 고려하는 말하기
내뱉는 말하기 vs. 전달하는 말하기 204
어떻게 말할지가 아니라 어떻게 들릴지를 생각한다 207

나가는 글 **실천하는 지성, 손석희** 212

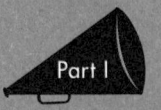

손석희의
말하기 능력

1장
말 잘하는 사람이
인정받는 이유

연봉을 결정 짓는 의사소통 능력

우리는 말 잘하는 사람이 인정받는 시대에 살고 있다. 말 잘하는 사람은 30을 일하고도 100처럼 전달하지만, 말 못하는 사람은 100을 일하고도 30도 제대로 전달하지 못한다.

2009년 한국고용정보원은 우리나라 608개 직업에 종사하는 약 21,700명의 직장인을 고임금 종사자와 연봉 2천만 원 이하의 저임금 종사자로 나누어 이들의 업무 능력 차이를 분석했다. 분석 결과 두 집단 간에 가장 큰 차이를 보인 요소는 기억력도, 수리력도, 시간 관리 능력도 아닌 '의사소통 능력'이었다.

2008년 〈하버드 비즈니스 리뷰〉는 전 세계 성공한 기업 스물두 곳을 선정하여, 이들 기업을 이끈 CEO들의 특성을 분석했다. 마이클 비어 하버드대 경영대학원 명예교수와 러셀 아이젠스태트 전 하버드대 교수는 이 보고서에서 성공한 리더의 핵심 능력으로 '의사소통 능력'을 꼽았다. 일본의 저명한 경영 컨설턴트인 아타라시 마사미는 그의 책 《사장은 무엇을 해야 하는가》에서 의사소통 능력이 비즈니스 성공의 80퍼센트를 좌우한다고 분석했다.

지식산업사회의 협업 능력

말 잘하는 사람이 인정받는다. 이것은 지금 우리에게는 당연한 이야기로 들릴지 모르지만, 역사적으로 최근에 나타난 현상이다. 불과 백 년 전 세상에서 성공한 대표적 기업가를 떠올려보자. 헨리 포드가 말 잘하는 사람이었다는 이야기를 들어본 적 있는가? 존 록펠러는?

인류가 지구상에 등장한 지난 5백만 년 전부터 1800년대까지, 인간은 물리적인 힘을 이용해 양식을 구하고, 자신을 위해 타인의 물리력을 이용해 부를 축적했다. 이 긴 세월 동안 언제나 무력을 가진 사람이 무리의 족장이었고, 사회의 지배 계층이었고, 국가의 권력자였다.

1800년 산업혁명 이후부터 20세기까지 2백 년 동안, 인류는 상품을 만들어 새로운 가치를 창출했다. 개인이 상품을 만들던 시절에는 상품을 잘 만드는 사람이 인정받았다. 공장에서 상품을 만들기 시작한 이후에는 공장을 가진 사람이 힘을 가졌다. 소위 굴뚝 산업의 시대였다.

우리가 살고 있는 21세기는 지식산업사회다. 지식이 가치를 창출하고, 생각이 힘이 되고, 아이디어가 있어야 능력을 인정받는 사회다. 미국 페이스북의 기업 가치는 백조 원으로 평가받고 있다. 그러나 그들의 물리적 자산이라고는 데이터 서버, 사무실, 컴퓨터뿐이다. 페이스북 기업 가치의 99.99퍼센트는 그들의 아이디어이고, 생각이고, 두뇌 속 지식의 가치다. 아이폰은 한국의 부품과 중국의 노동력과 미국의 아이디어를 합한 제품이지만, 아이폰이 만들어낸 부가가치의 대부분은 아이디어를 낸 미국의 애플 사에 돌아간다.

5백만 년 동안 인류의 가치로 군림해온 무력이나 상품과, 21세기 지식산업사회의 가치인 지식 사이에는 큰 차이점이 있다. 무력이나 상품은 눈에 보이지만 지식은 눈으로 볼 수 없다는 것이다. 그렇기에 과거에는 무력이 있으면 리더로 인정받았고, 굴뚝 산업

사회에서는 상품을 만들어내기만 하면 가치를 인정받았다. 그러나 지식산업사회에서는 생각을 가지고 있는 것만으로는 아무런 가치도 인정받을 수 없다. 생각이 머릿속에 머물러 있기만 해서는 아무리 위대하다 해도 가치를 인정받을 수 없다. 사회적인 의미에서는 존재하지 않는 것과 같다.

생각은 상품과 달리 남에게 전달할 수 있을 때 비로소 가치를 얻는다. 그런데 사람과 사람 사이에 생각을 전달하는 중요한 수단 중 하나가 '말하기'다. 말 잘하는 사람은 자신의 생각을 남에게 전달할 수 있는 사람이고, 사회적으로도 자기 생각의 가치를 인정받을 수 있는 사람이다. 혼자 밤새워 일해서 머릿속에 든 것만 많은 사람은 사회가 자신의 가치를 알아주지 않는다고 답답해한다. 그러나 사회는 자신의 가치를 보여줄 능력을 갖추지 못한 그 사람이 오히려 더 답답하다.

이 시대가 말 잘하는 사람이 인정받는 사회가 된 또 하나의 중요한 변화가 있다. 바로 협업 사회가 되었다는 점이다. 헨리 포드의 시대에는 사람들 간의 분업이 있었을 뿐 협업은 존재하지 않았다. 바퀴를 끼우는 사람은 핸들을 끼우는 사람과 상의해가며 일할 필요가 없었다. 생산 라인의 노동자들 사이에는 커뮤니케이션이 존재하지 않았다. 각자 회사에서 만들어준 지시 사항에 따라 움직이기만 하면 되었다. 분업 노동자들은 서로 정보를 교환할 필요가 없었고, 커뮤니케이션을 할 필요도 없었다.

그러나 지금의 직장 생활은 불행하게도 이처럼 단순하지 않다. 끊임없이 동료들과 회의 하고, 다른 부서로부터 피드백을 받고, 상사에게 보고해야 한다. 다른 사람과 역할을 나누어 의견을 교환해가며 일을 완성해야 한다. 개인이 일을 하는 것이 아니라 팀이 일을 한다. 혼자서만 일 잘하는 사람은 팀이 성과를 내는 데 도움이 되지 못한다. 다소 부족한 부분이 있더라도 다른 사람들에게 자신의 생각을 잘 전달하고, 다른 이들의 생각을 잘 이해해 협업할 수 있는 능력을 갖춘 사람이 이 시대가 요구하는 인재상이다.

그러기에 오늘날의 직장인들은 일을 하기 전에, 머릿속을 채우기 전에, 일의 성과나 생각을 남에게 전달할 수 있는 생각 전달 능력부터 갖춰야 한다. 그래야 생각 마케팅에서 성공할 수 있고, 내 머릿속에 들어 있는 아이디어를 사회가 인정하는 가치로 바꾸어 낼 수 있고, 자기 가치를 인정받아 고액 연봉을 받을 수 있다.

남들보다 하나 더 아는 사람, 남들보다 더 많이 외우고 있는 사람, 자기 머릿속을 채우기 바쁜 사람들은 남들이 100기가바이트의 하드디스크를 갖추고 있을 때 자신은 150기가바이트로 용량을 늘리기 위해 모든 시간과 노력과 열정을 쏟아붓는다. 그러나 그런 능력은 값싼 하드디스크 부품 하나 사서 끼워 넣으면 언제든지 대체될 수 있다. 그리고 시간이 지날수록 그 부품의 가격은 점점 낮아진다.

생각 전달 능력이 뛰어난 사람은 CPU 성능이 좋은 사람이다. 남들이 필요로 하는 지식과 정보를 빠르고 정확하게 이해하고 찾아낼 줄 아는 사람이다. 남들이 이해할 수 있는 방식으로 표현하고 전달할 수 있는 능력을 갖춘 사람이다. 정작 기업이나 사회에서 높은 가치를 부여하는 인재는 이렇듯 자신의 CPU 성능을 높여갈 줄 아는 사람이다. 고액 연봉을 받는 사람들이 다른 사람들에 비해 가장 크게 차이를 보이는 능력이 의사소통 능력인 이유도 여기에 있다.

2장

지적 대화의 달인, 손석희

논리적 커뮤니케이션 능력

이 책에서 다룰 말하기는 지적 대화로서의 말하기다. 아름답고 유려하고 예술적인 말하기가 아니다. 멋지게 한마디 하는 말하기나 심리학적인 설정으로 내 마음대로 상대를 움직여보려는 말하기는 더더욱 아니다.

말하기 능력을 '말재주'로 이해하는 경우가 종종 있다. 물론 처음 몇 번은 듣는 사람들에게 좋은 인상을 줄 수 있다. 귀가 솔깃하게 할 수도 있다. 그러나 시간이 지나고 횟수가 반복될수록, 말은 그럴듯하게 하지만 실속이 없는 사람이 되고 만다. 말하기 능력을 높이기 위해서 심리학적 설정이 필요하다고 생각하는 사람들도 있다. 예컨대 처음부터 하루만 도와달라고 하면 안 도와주지만, 처음에는 일주일 동안 도와달라고 했다가 그게 어려우면 하루만이라고 말하면 설득을 얻어내기 쉽다고 한다. 하지만 당신이 이런 사람의 청탁 대상이 되었다고 생각해보자. 매번 이런 식으로 말하는 사람을 믿을 수 있겠는가.

우리가 이 책에서 배우고자 하는 말하기는 매일 끊임없이 내 생각을 많은 사람들이 쉽게 이해하고 수긍할 수 있도록 하는 말하기다. 상대방 생각의 오류를 정중하지만 정확하게 지적하고, 상대방과 제3자가 내 생각을 지지할 수 있도록 하는 지적인 말하기다. 대화를 통해서 올바르고 합리적인 결론으로 이끌어가는 소통 능력으로서의 말하기다. 기교와 꼼수로서의 말하기가 아니라 논리적 커뮤니케이션 능력에 기초를 둔 말하기다.

가장 말 잘하는 사람

나는 변호사로 14년째 일하고 있다. 김앤장 법률사무소에서 근무한 8년간 그리고 이후 6년째 법학의 언어논리적 요소와 논리적 커뮤니케이션을 연구하고 가르치고 있다. 겸연쩍은 이야기지만 논리적 커뮤니케이션과 지적 대화 연구에 관한 전문가 중 한 명으로 꼽히기도 한다. 이러한 입장에서 우리나라에서 가장 말 잘하는 사람을 꼽으라면, 주저 없이 손석희라고 말하겠다.

손석희는 2002년 1월 18일부터 2009년 11월 19일까지 약 8년 동안 MBC의 대표 시사 프로그램인 〈100분 토론〉의 진행을 맡았다. 2000년 10월 23일 첫 전파를 탄 MBC 라디오 〈손석희의 시선집중〉(이 책에서는 〈시선집중〉이라고 하자) 역시 10년 넘게 진행을 맡았다.

손석희는 각계 인사들을 대상으로 한 〈시사저널〉 조사에서 2005년 이후 2011년까지 7년째 가장 영향력 있는 언론인으로 선정되었다. 2위는 〈조선일보〉 방상훈 사장, 3위는 김인규 KBS 사장이다. 손석희의 지지율은 20퍼센트 내외로, 2위 방상훈 사장의 세 배에 달할 정도로 압도적이다.

1995년 MBC 〈뉴스투데이〉를 진행하면서 아나운서 부문 대한민국방송대상을, 2001년에는 〈시선집중〉으로 민주언론운동시민연합이 수여하는 민주시민언론상 특별상을 수상했다. 2002년에는 한국방송프로듀서연합회가 수여하는 한국방송프로듀서상 라디오 교양 부문 상, 한국방송협회가 수여하는 한국방송대상 라디오 부문 상, MBC 연기대상 진행자 부문 특별상을 수상했고, 2003년에는 한국아나운서연합회가 수여하는 한국아나운서 대상을, 2005년에는 한국방송학회가 수상하는 방송대상을 수상했다. 2006년에는 한국 방송 프로듀서들이 선정하는 올해 최고 라디오 진행자로 선정되었고, 같은 해 네티즌들이 뽑은 진실 보도에 힘쓰는 언론인 1위에 뽑혔다. 당시 70퍼센트가 넘는 지지율을 보였는데, 2위를 차지한 엄기영 전 MBC 사장은 8.9퍼센트에 불과해 손석희의 압도적인 지위를 확인시켰다.

15년 이상의 세월 동안 학계, 언론계, 시민단체, 네티즌, 정치인들 모두가 우리나라 최고의 언론인으로 손석희를 뽑고 있는 셈이다.

고(故) 노무현 전 대통령, 송영길, 노회찬, 강기갑, 홍준표, 나경원, 전여옥, 진중권, 전원책, 박원순, 신해철, 김제동, 김여진 등 우리 사회에서 말 좀 한다는 대표 논객들이 모두 손석희가 진행한 〈100분 토론〉을 거쳐갔다. 이 언변 좋은 사람들이 8년이라는 세월 동안 우리 사회의 가장 뜨거운 쟁점들을 두고 논쟁을 벌여왔는데, 그 속에서도 손석희의 언변은 단연 돋보인다.

이쯤 되면 우리가 손석희를 우리나라에서 가장 말 잘하는 사람으로 꼽는 것이 이해가 된다. 도대체 어떻게 말하기에, 그 많은 논객들과 그토록 많은 주제들에 대해 논쟁을 하면서도 그들을 모두 압도할 수 있었을까? 손석희는 말하기에 있어서 뛰어난 언어적 순발력과 빠르고 정확한 판단력을 보인다. 천부적으로 그러한 재능을 타고났기 때문일까? 아니다. 손석희에게는 우리가 말하는 법과는 다른, 자신만의 독특한 말하는 법이 있다. 이것이 바로 우리가 이 책에서 다루고 배울 손석희가 말하는 법이다.

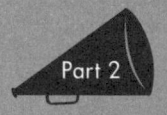

손석희가
논쟁하는 법

2001년 12월 3일 〈시선집중〉
브리지트 바르도와의 인터뷰

손석희 브리지트 바르도 씨의 말씀을 듣고 설득되는 쪽보다는 불쾌하게 여기는 반응이 더 많았습니다. 여기에 대해서 어떻게 생각하십니까?

바르도 불쾌하게 생각해도 어쩔 수 없습니다. 나는 나의 전투를 계속해나갈 것입니다.

손석희 한국의 역사나 문화에 대한 지식 없이 개고기를 먹는다는 사실 하나만으로 비판한다는 시각이 있습니다. 당신은 한국의 문화나 역사에 대해서 얼마나 알고 계십니까?

바르도 한국의 번역된 동화를 읽은 적이 있습니다. 그 동화 속에서는 많은 남자, 여자들이 한국의 전통적인 한복을 입고 있었습니다.

손석희 인도에서는 소를 먹지 않는다고 해서 다른 나라 사람들이 소를 먹는 것에 대해서 반대하지 않습니다. 이러한 문화적인 차이에 대해서 인정하실 생각이 없으십니까?

바르도 물론 저는 그러한 문화적인 차이를 인정합니다. 그러나 소는 먹기 위한 동물이지만, 개는 그렇지 않습니다. 한국을 비롯한 아시아의 몇 개국을 제외한 세계 어느 나라에서도 개를 먹지 않습니다. 문화적인 나라라면 어떠한 나라에서도 개를 먹지 않습니다.

손석희 소를 먹기 위한 나라도 있지만 개를 먹기 위해서 키우는 나라도 있을 수 있습니다. 개를 먹기 위해서 키우는 나라가 소수라고 해서 배척을 받는다면, 문화적인 차이를 인정하지 못하는 것 아닙니까?

바르도 나는 개를 먹는 사람에 대해 결코 존중해줄 수 없습니다. 아무리 차이점을 인정한다고 해도 거기에 한계가 있습니다. 한국 사람들이 아무리 나를 증오한다고 해도 할 수 없습니다. 이번 12월 15일 축구협회 회장과 함께 하는 회의가 있는데, 나는 그 자리에서 한국의 모든 실상을 고발할 것입니다.

손석희 알겠습니다. 이 문제로 더 얘기하는 것은 무의미해 보입니다. 프랑스 민영방송에서 한국 학생이 개고기를 간식으로 싸가는 장면이 방송된 바 있습니다. 사실을 필요 이상으로 왜곡한 데 대해 프랑스가 사과해야 된다고 보지 않으십니까?

바르도 그것은 당연한 일입니다. 한국 사람들이 개고기를 계속해서 먹는다면, 그런 식으로 한국인들을 앞으로도 희화화하고 우스꽝스럽게 만들 것입니다. 내가 이미 여러 차례 경고했습니다.

손석희 그렇다면 우리나라 TV에서 프랑스 사람들을 남의 말을 이해하지 못하는 고집불통으로 희화화한다면 어떻겠습니까?

바르도 마음대로 하십시오. 프랑스에 대해서건, 프랑스 사람에 대해서건, 나에 대해서건 마음대로 말하십시오. 다만 개고기를 먹지 마십시오.

손석희 한국에서 개고기를 먹는 사람들이 얼마나 된다고 생각하십니까?

바르도 잘 모르겠습니다. 다만 단 한 사람이 개고기를 먹는다고 해도 그건 불필요한 일입니다.

손석희 그럼 새로운 사실을 말씀드리죠. 제가 아는 프랑스인은 한국에 와서 개고기를 먹기 시작했습니다. 프랑스인뿐만 아니라 한국에 온 미국인, 독일인 몇 명도 개고기를 먹은 적이 있다고 경험담을 얘기한 바가 있습니다. 그리고 그 사람들은 지금도 개고기를 먹고 있습니다. 이것은 사실입니다. 그렇다면 저희는 프랑스 사람, 독일 사람, 미국 사람들의 대다수가 개고기를 먹을 수 있다고 생각해도 되겠습니까? 즉 이렇게 과장해서 얘기해도 되냐는 겁니다.

바르도 (매우 화난 목소리로) 그것은 사실이 아닙니다. 프랑스인, 독일인, 미국인들은 절대로 개고기를 먹을 수 없습니다. 그것이 개고기인 줄 몰랐다면 가능한 일이겠죠. 하지만 그것이 개고기인 줄 알았다면 결코 그것을 먹을 수 없습니다. 여러분들이 그것은 돼지고기, 소고기라고 얘기했겠지요. 나는 여러분들과 더 이상 인터뷰를 하고 싶지 않습니다. 왜냐하면 거짓말을 하는 사람과는 얘기할 수 없기 때문입니다. 다만 여러분들에게 앞으로 어떠한 일이 닥칠지 알게 되기를 바랍니다.

(바르도는 일방적으로 전화를 끊었다.)

손석희 브리지트 바르도 씨는 거짓말이라고 했지만 그것은 어디까지나 사실에 기초한 질문이었습니다. 한국인이라면 몰라도 프랑스인, 미국인이라면 결코 개고기를 먹지 않는다는 브리지트 바르도의 강변을 통해서 그녀가 동물 애호가라기보다 차라리 인종 차별주의자라는 결론을 얻게 됩니다. 이번 인터뷰는 어디까지나 서로의 문화적 차이를 이해하는 목적으로 기획됐지만, 개고기를 먹느냐 안 먹느냐를 가지고 민족적 차별로 귀결된 점에 대해 안타까움을 느낍니다.

3장
상대방과 싸우지 않고 생각과 싸우게 한다

우리는 이렇게 말한다

브리지트 바르도 씨의 말은
설득력은 떨어지고 불쾌할 뿐입니다.

손석희는 이렇게 말한다

브리지트 바르도 씨의 말씀을 듣고
설득되는 쪽보다는 불쾌하게 여기는 반응이
더 많았습니다. 여기에 대해서 어떻게 생각하십니까?

싸우게 하되 싸우지 않는 차분함

2010년 10월 19일, 〈시선집중〉은 방송 10주년을 맞이해 120명의 애청자들과 함께 특집 공개방송을 열었다. 그 자리에 참석한 애청자들을 대상으로 가장 기억에 남는 인터뷰를 조사한 결과, 1위는 단연 바르도와의 개고기 논쟁이었다. 이는 〈시선집중〉 중 유일하게 인터뷰이가 일방적으로 전화를 끊어버린 인터뷰다. 논쟁을 싸움에 비유하자면 싸우는 중간에 상대방이 도망가버린 셈이다. 그만큼 손석희의 언변은 예리했다. 그만큼 상대방과 논쟁할 때 손석희가 말하는 법의 특징을 정확하고 빠짐없이 보여준다. 간혹 손석희는 질문만 하지 말은 하지 않는다고 생각하는 사람들이 있다. 그러나 우리는 이 책에서 손석희가 질문이라는 틀에 자신의 생각을 얼마나 정교하게 담아서 효과적으로 전달하는지 살펴볼 것이다.

이 책에서 손석희가 진행한 무수한 토론과 인터뷰 내용을 장황하게 열거하지는 않는다. 대신 손석희가 말하는 법의 특징과 의미를 가장 잘 보여주는 바르도와의 논쟁에 집중하여 이를 깊이 있게 살펴볼 것이다. 나는 이러한 접근 방법이 손석희가 우리와 다른 방식으로 말하는 이유를 정확하게 알 수 있는 가장 효과적인 방법이라고 판단한다. 이 책에서 다룬 손석희가 말하는 법의 특징을 이해하고 나서, 또 다른 인터뷰나 논쟁을 들어보면, 손석희의 말에는 이 책에서 다룬 특징이 일관되게 나타나는 것을 확인할 수 있을 것이다.

2008년 8월 15일자 영국의 로이터 보도에 따르면, 바르도는 같은 해 이슬람인들에 대한 인종차별 발언으로 프랑스 법원에 기소되었다. 그가 인종차별 발언으로 기소된 것은 이번이 다섯번째다.

▶▶▶ 손석희의 말은 차분하다

손석희는 2002년 〈100분 토론〉을 시작할 때부터 10년 동안 우리 사회에서 이해관계와 의견이 가장 첨예하게 대립하고, 서로 한 치도 양보할 수 없는 주제를 선택해왔다. 고 노무현 전 대통령에 대한 탄핵 문제, 북핵 문제, 독도 문제, 4대강 사업, FTA 문제 등 지난 10년간 나라 안팎으로 의견 대립이 가장 심각했던 사안 중에 그가 다루지 않은 사안을 찾아보기 힘들다. 손석희는 그런 사안을 두고 가장 직접적인 이해 당사자들과 논쟁을 벌이지만 언제나 차분하다. 이로 인해 그의 말은 더욱 논리정연하게 들리고, 듣는 사람들을 지적으로 성숙하게 만든다. 결국 상대방은 그의 말을 더 쉽게 받아들이게 된다.

의견 차이가 이토록 극단적으로 벌어지는 주제들을 다루면서, 그는 어떻게 항상 차분함을 유지할 수 있었을까?

▶▶▶ **싸움에서 절대 지지 않는 방법**

이와 관련해 또 하나 드는 의문이 있다. 그는 지난 10년 동안 줄곧 이명박 당시 서울시장, 박근혜 전 한나라당 대표, 홍준표 전 한나라당 대표, 유시민 전 열린우리당 의원 등 우리 사회에서 힘이 있거나 언변이 있거나 때로는 둘 다 있는 사람들과 논쟁을 벌였지만 한 번도 밀리지 않았다. 아무리 논쟁의 달인이라지만, 어떻게 오랜 기간 동안 그토록 많은 논쟁을 벌이면서 한 번도 지지 않을 수 있을까?

우리는 그의 차분함이나 언변을 타고난 능력이라고 생각한다. 태어날 때부터 그런 능력을 타고나는 행운을 얻지 못한 보통사람들은 따라갈 수 없다고 생각한다. 그러나 손석희가 말하는 법을 좀더 자세히 들여다보면, 그것이 천부적인 능력의 덕이 아니라 독특한 대화 기술에 기인하는 것임을 알 수 있다.

이에 대한 생각의 단초를 찾기 위해 잠시 생각해보자. 논쟁, 즉 논리 싸움에서 절대 지지 않는 방법이 있을까? 있다! 싸움에서 절대 지지 않는 방법이 있다. 그것은 상대방과 싸우지 않는 것이다. 말장난처럼 들리는 이 문장의 의미를 손석희가 말하는 법에서 찾아보자.

손석희는 상대방과 싸우지 않는다. 대신 상대방이 제3의 적과 싸우게 한다. 바르도와의 인터뷰에서도 마찬가지다. 이 대화에서 손석희는 상대방의 말이 설득력이 없다고 생각했을 것이다. 그러나 손석희는 당신의 말은 설득력이 없을 뿐 아니라 불쾌하기만 하다고 말하지 않는다. 그렇게 생각하는 사람들이 많다고 말한다. 이 작은 차이에서 그가 말하는 법의 특징이 드러난다. 그는 상대방과 논쟁을 하면서도 상대방과 맞서지 않는다. 설득력이 없고 불쾌하다고 느끼는 다른 사람들을 내세운다. 이제 상대방은 손석희에게 덤벼들 수가 없다. 대신 손석희가 내세운 제3의 적과 싸워야 한다. 손석희는 상대방이 제3의 적과 싸우기 위해서 자신의 칼을 휘둘러대는 모습을 옆에서 지켜본다. 그리고 상대방이 그 과정에서 약점을 보일 때 상대방의 옆구리를 예리하게 벤다. 논쟁의 절대 고수는 이렇게 탄생한다.

▶▶▶ **감정 뇌와 이성 뇌**

그가 이런 방식의 말하기를 구사하는 이유는 무엇일까? 논쟁에서 제3의 적을 내세우는 방법은, 자신의 이성을 자신과 상대방의 감정으로부터 보호하는 작용을 한다.

인간의 뇌는 흔히 감정 뇌와 이성 뇌로 구분해 설명된다. 감정과 이성 모두 뇌 속에서 일어나는 현상이다. 하지만 감정 뇌와 이성 뇌는 분리되어 있고, 서로 다른 방식으로 작동한다. 감정 뇌의 작용은 빠르고 강하다. 공포, 분노, 적개심을 불러일으켜 물리적인 위험으로부터 생존할 수 있도록 한다. 진화 단계상 이성 뇌보다 먼저 발달했고, 태아의 뇌 형성 단계에서도 이성 뇌보다 먼저 형성된다. 그만큼 외부 반응에 대하여 이성 뇌보다 먼저 작동한다. 또한 인간의 생존과 관련된 역할을 수행하므로 작동 강도도 이성 뇌보다 세다. 반면, 이성 뇌는 인간을 다른 동물과 구별 짓게 하는 이성 작용을 담당한다.

감정 뇌와 이성 뇌는 분리되어 있지만, 서로 연결되어 신호를 주고받으며 영향을 미친다. 문제는 감정 뇌의 작용이 종종 이성 뇌의 활동을 제약한다는 것이다. 우리는 공포나 분노를 느껴 어리석은 일을 하고 나서, 그때 왜 그랬을까 하고 후회하는 경우가 많다. 첫째로는 감정 뇌가 먼저 작용하기 때문이고, 둘째로는 감정 뇌가 강하게 작용해 이성 뇌가 제대로 작동하지 못했기 때문이다.

논쟁은 서로 입장이 다른 사람들 간에 상대방 주장의 논리적 모순점을 지적해 자신의 주장이 타당함을 입증해가는 과정이다. 상대방은 자연히 나의 주장이 틀렸음을 지적하게 된다. 이 과정에서 나는 자존심과 사회적 위신에 손상을 입고, 상대방에 대한 적개심과 분노를 갖게 된다. 평소에는 말 잘하고 똑똑한 사람들이었다 하더라도 어느 순간 논쟁이 말싸움이 되고 결국에는 감정싸움으로 번진다. 서로의 입장 차이를 줄이기는커녕 갈등만 더 키운다. 이러한 경우 역시 감정 뇌가 먼저 그리고 강하게 작용해 이성적인 대화를 어렵게 하기 때문이다.

▶▶▶ "감정을 자제하라" 대신 "감정이 자제되도록"

논쟁을 할 때 흥분하면 상대에게 지는 것이라고 흔히 생각한다. 그렇기에 논쟁을 할 때는 감정을 자제해야 한다고 한다. 그러나 감정이란 어떤 현상이나 일에 대해 저절로 떠오르는 느낌이나 기분, 마음 상태다. 이성 뇌와 감정 뇌는 기본적으로 분리되어 있으므로 이성의 힘으로 감정을 제어하려 해도 뜻대로 안 된다.

논쟁에서 상대의 공격을 받으면 왜 흥분하게 될까? 이것은 상대의 공격으로 인한 정신적 피해와 통증을 잊게 하기 위한 조건반사적 반응이다. 영국 킬대학교 리처드 스티븐스 박사는 학생을 두 집단으로 나누어 얼음물에 손을 넣고 최대한 오랫동안 버티도록 하는 실험을 했다. 한쪽 집단은 그동안 계속 욕을 하고, 다른 한쪽 집단은 일상적인 단어들을 말하게 했다. 이러한 실험 결과, 욕을 계속한 집단이 다른 집단에 비해 두 배 이상 오래 버텼다. 욕설을 통해서 흥분한 학생들은 대표적인 스트레스 호르몬인 아드레날린 분비가 촉진되고 심장 박동이 빨라졌다. 내장에 있던 혈액이 근육으로 몰리고 통증을 느끼는 감각도 둔해졌다.

이처럼 공격적인 상황에서의 흥분은 외부 공격으로부터 자신을 보호하기 위한 반사적인 반응이며, 인류의 진화 단계에서 뇌에 각인된 반응이다. 뜨거운 불에 손을 대면 앗, 뜨거워! 하고 반응하는 것과 같이 자연발생적인 현상이다. 그러므로 논쟁에서 흥분을 피하기 위해서는 자제해야 한다는 이성적 통제만으로는 부족하다. 이러한 이해 없이 대화나 논쟁에서 흥분하지 말라고 가르치는 것은, 맨손으로 뜨거운 것을 만지게 하면서 앗, 뜨거워! 하고 소리 지르지 말라고 하는 것만큼 어리석은 일이다.

우리가 뜨거운 것을 만지면서 소리 지르지 않으려면, 열전도율이 낮은 보호 장갑을 끼고 만져야 한다. 말하기에서도 감정적 흥분을 자제하려면 그러한 환경과 보호 장치를 만들어내야 한다.

손석희는 무작정 논쟁 과정에서 흥분하지 않으려 애쓰는 실효성 없는 방식을 택하지 않는다. 대신 논쟁 중인 상대방과 감정적으로 적대적인 상황에 놓이지 않도록 하는 방법을 택한다. 바로 이것이, 상대방과 싸우지 않고 대신 상대방으로 하여금 제3의 적과 싸우게 하는 손석희 특유의 말하는 법이다.

▶▶▶ 이성 뇌의 작용을 극대화하는 방법

이처럼 제3의 적을 내세우는, 그래서 자신이 상대방과 싸우지 않는 대화법은 손석희가 말하는 법에서 두 가지 중요한 역할을 한다.

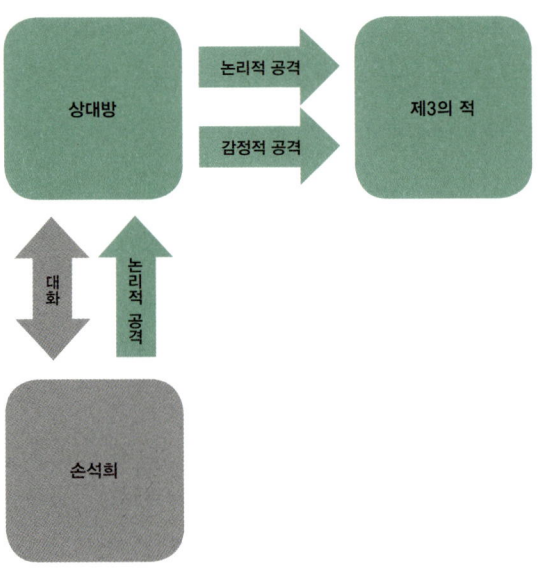

첫째, 자기 자신을 상대방의 감정적 공격으로부터 보호한다. 이제 상대방은 손석희가 아니라 그가 세운 제3의 적과 싸워야 하기 때문에 손석희 개인에 대해 감정적인 공격을 하기 어렵다. 이를 통해서 손석희는 상대방과 논쟁을 하면서도 감정 대립에서 벗어난다. 상대방은 제3의 적과 싸우느라 분노하고 적개심을 느끼면서 감정적으로 흥분하지만, 손석희는 차분한 상태에서 상대방의 허점을 조목조목 지적할 수 있게 된다. 상대방의 감정적인 공격에서 벗어남으로써 자신의 지적 능력을 극대화하는 것이다.

둘째, 상대방과 싸우지 않는 대화법은 손석희 스스로 '상대방에 대한' 분노와 적개심을 개입시키지 않도록 막는 역할을 한다.

우리 사회의 뜨거운 문제들을 두루 섭렵하면서 이해 당사자들과 논쟁을 하다 보니, 손석희 역시 감정적으로 대응하기 쉽다. 〈시선집중〉에서 한 말 중에 자주 인용되는 것이 2005년 5월 당시 일본의 아소 다로 총무성 장관에 대한 멘트다. 당시 손석희는, 전후 일본의 경제 재건이 최우선 목표인 상황에서 운 좋게도 한국에서 전쟁이 일어나 일본 경제를 급속도로 재건했다는 아소 장관의 발언을 소개했다. 그리고 아소 장관에 대한 자기 의견을 더했다.

> 아소 장관은 창씨개명은 조선인이 희망했다는 망언을 한 바 있습니다. 도대체 우리들은 언제까지 이런 자의 헛소리를 들어야 하는 것일까요? 여기서 '자'는 '놈 자(者)' 자입니다.

그러나 손석희는 직접 인터뷰를 하거나 논쟁을 할 때는 자신의 적대감을 드러내는 법이 없다. 자신이 직접 상대방과 감정적으로 싸우는 것이 아니라 제3의 상대방을 내세우는 화법을 사용하는 것이다. 그러므로 자신이 품을 수 있는 상대방에 대한 적개심이나 다른 감정의 개입을 배제할 수 있다. 상대방을 날카롭게 공격하지만 그의 말은 감정적으로 공격하는 언사로는 들리지 않는다. 상대

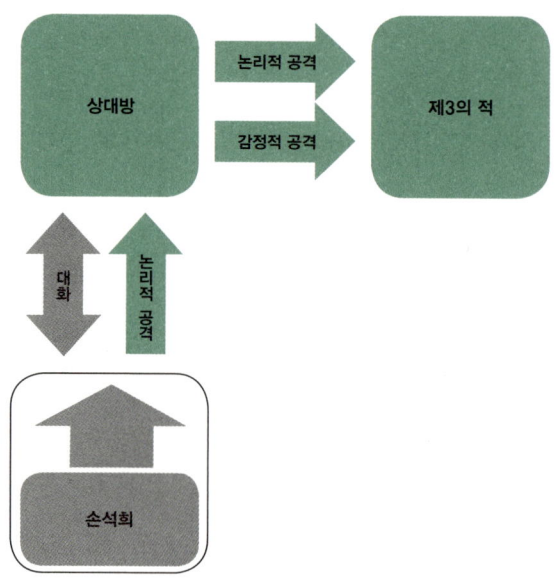

방에 대한 개인적인 감정을 논쟁의 바깥으로 몰아내는 것이다.

▶▶▶ 재판장님, 이의 있습니다

이러한 화법은 로마법 이후 2천 년 이상 언어논리를 연구한 학문인 법학의 전문가들에게서도 볼 수 있다. 우리가 본 법정영화를 한번 떠올려보자. 검사가 증인에게 피고인의 유죄를 인정하게 하는 질문을 계속하면 변호사가 일어서서 말한다.

재판장님, 이의 있습니다. 검사는 지금 증인에게 유도 질문을 하고 있습니다.

그러면 다시 검사가 말한다.

재판장님, 이 부분은 증인의 기억을 시간 순서대로 질문한 것이지 유도 질문이 아닙니다.

다시 변호사가 말한다.

재판장님, 이것은 증인이 경험하지 않은 일을 추측해 말하도록 유도하는 것입니다.

우리에게는 낯익은 영화의 한 장면이지만 생각해보면 좀 이상하지 않은가? 분명히 검사와 변호사가 주고받는 내용이다. 그런데 서로 상대방에게 말하지 않고 계속해서 재판장에게 이야기를 하고 있다. 정작 재판장은 아무 말도 않고 듣고만 있다가 마지막에 "검사, 계속하세요" 하고 짤막하게 말한다.
이것은 법조인들의 말하는 방식이 유별나서가 아니라 절차법에 의해 재판 절차에 관한 이의는 재판장에게 제기하도록 정해놓았기 때문이다. 그러면 로마법 이후 2천 년 이상 사람들 간에 가장 첨예한 입장 대립을 다루어온 법학에서 이러한 유별난 방식을 따르도록 한 이유는 무엇일까?

재판만큼 감정싸움이 벌어지기 쉬운 분야도 없다. 어쩌면 사람 간에 감정싸움이 극에 다다르면 마지막으로 찾아오는 곳이 법정일지도 모른다. 그러나 법률가들은 이러한 감정싸움으로는 결코 진실과 정의를 분별해낼 수 없음을 알았다. 재판을 통해 누가 옳고 그른지 정확하게 판단하기 위해서는 논리 싸움이 감정 대립으로 치닫는 것을 막아야 했다. 그 속에서 인간 이성의 능력을 최대한 발휘해 실체적인 진실을 찾아내야 했다. 법률가들은 오랜 시행착오와 다양한 시도를 거친 끝에 재판장이라는 제3자를 통해 상대방에 대한 자신의 주장을 내세우도록 하는 절차법을 확립하게 된 것이다.

손석희가 말하는 법 역시 이러한 논리 전개 기술과 무관하지 않다. 손석희는 상대방과 논쟁을 하면서도 '자신이 상대방과' 싸우는 것이 아니라 '상대방으로 하여금 제3의 적과' 싸우게 한다. 이를 통해 자신과 상대방의 감정적인 공격을 논쟁에서 배제한다. 상대방은 제3의 적과 싸우는 과정에서 종종 흥분하지만, 손석희는 감정의 폭발을 철저히 억제하며 이성 뇌의 활동을 극대화한다. 언제나 흥분하는 쪽은 상대방이고, 손석희는 끝까지 차분함을 유지하며 흥분한 상대방이 드러내는 약점들을 빠짐없이 지적해낸다.

손석희가 말하는 법 특유의 '차분함'은 이렇게 완성된다.

사람이 아닌 생각과 싸우게 한다

▶▶▶ 이런 입장에 대해서는 어떻게 생각하십니까?

그는 여기서 그치지 않고 한 단계 더 나아간다. 손석희가 내세우는 제3의 상대방을 좀더 유심히 들여다보면 특정 인물이 아니라 하나의 시각, 생각 또는 관점이다. 다시 한 번 손석희가 말하는 법을 들여다보자.

> 브리지트 바르도 씨의 말씀을 듣고 설득되는 쪽보다는 불쾌하게 여기는 반응이 더 많았습니다. 여기에 대해서……

얼핏 들으면 이 대화에서 '여기'라는 것은 '불쾌하게 여기는 사람들'을 가리키는 것 같지만, 그들이 누구인지는 분명하지 않다. 보다 정확하게 말하자면 손석희는 의도적으로 대상을 특정하지 않는다. 한 가지 분명한 것은, 청취자들은 '불쾌하게 여기는 사람들'이 있을 법하다고 생각하고 있다는 점이다. 이렇게 이해하고 보면, '여기'는 어떠한 사람이라기보다, 주제에 대한 '시각', '관점' 또는 '생각'이라고 이해하는 것이 보다 정확하다.

이러한 손석희 특유의 화법은 거의 모든 인터뷰에서 나타난다. 〈시선집중〉에서 몇 가지 다른 예를 살펴보자.

> 그러니까 수원 권선구, 경기 용인시 기흥구 여기를 포함해서 아무튼 여덟 곳을 분구하고 다른 다섯 곳을 통합하는 안을 정개특위에 권고했고, 그 권고에 따라서 얘기가 진행된 것이 아니라 여야가 각자 의견대로 가고 있기 때문에 혹시 여야가 이 문제로 표현이 어떨지 모르겠습니다만 정치적 뒷거래를 하고 있다, 이런 지적도 나오고 있어가지고요. 그건 어떻게 받아들이십니까?
>
> _ 2012년 2월 17일 주성영 새누리당 의원과의 인터뷰

> 그러면 물론 검찰 출신 분들이 많이 모여 계시다고 하지만, 과연 수사권이 없는 상황에서 제대로 이른바 진상 조사가 이루어질 수 있겠느냐 하는 생각도 가질 수 있는데요. 그건 어떻게 보십니까?
>
> _ 같은 날 백혜련 변호사와의 인터뷰

검찰에 남아서 검찰 개혁과 쇄신에 힘쓸 순 없었겠느냐는 질문도 나왔습니다. 어떻게 답하시겠습니까?

_ 위 질문과 같은 인터뷰

▶▶▶ 사람 내세우기 vs. 생각 내세우기

손석희는 왜 상대방과 다른 주장을 하는 '사람'을 내세우지 않고, 상대방과 다른 '생각'을 내세워서 이에 대한 반론을 끌어낼까? 손석희는 왜 이런 방식으로 말하고, 이것은 어떠한 역할을 하는 걸까?

결론부터 말하면, 이러한 화법은 상대방이 '인신공격의 오류'를 이용해 자신의 주장을 관철하는 것을 차단하는 역할을 한다. 인신공격의 오류는 어떤 사람이 주장하는 논리가 아니라 그러한 논리를 주장하는 사람을 공격해 그 논리가 틀렸다고 주장하는 것을 말한다.

손석희가 말하는 법에서 제3의 상대방으로 사람을 내세울 때와 생각을 내세울 때 어떠한 차이가 있는지 살펴보자.

2011년 말 우리 사회가 경험한 사안을 놓고 생각해보자. 한국과 미국 간 FTA의 국회 비준을 놓고 ISD(Investor-State Dispute, 투자자 국가 소송 제도)가 핵심 쟁점으로 떠오르면서 한미 FTA 비준 반대 여론이 확산되었다. 간단하게 이야기하면, ISD는 우리나라에 투자한 외국 기업이 우리나라의 정책으로 이익을 침해당했을 경우 우리나라를 세계은행 산하의 국제상사분쟁재판소에 제소할 수 있도록 하는 제도다. FTA 체결로, 공익을 위해 정부가 펼치는 정책들이 기업 활동을 제약하여 이익을 침해한다는 이유로 분쟁의 대상이 될 개연성이 높아졌는데, 우리나라 사법부가 이에 대한 최종 판단 권한을 갖지 못한다는 점이 쟁점이 되었다. 특히 야당인 민주당이 이러한 점을 강조하면서 한미 FTA 국회 비준을 반대하는 측의 주요 정치 세력을 자처했다.

이에 관해 한미 FTA 국회 비준을 찬성하는 측과 논쟁하면서 위와 같은 비판적인 '시각'을 논쟁의 상대방으로 내세우는 경우를 생각해보자. 찬성 측은 이제 논리적인 근거를 들어 대립하는 주장이 타당하지 않음을 설명해야 한다.

이와 달리 이러한 논리를 주장하는 '사람', 예컨대 민주당 의원들을 상대방으로 내세우는 경우를 생각해보자. 실제 우리나라에서는 당시 이러한 관점에서 접근하는 경우가 더 많았던 것으로 보인다.

시각을 내세우는 경우

한미 FTA로 우리나라 정부가 공익을 위해 기업 활동을 제약하는 정책이 외국 투자 기업이 기대하는 기업의 이익과 충돌

할 가능성이 높아졌습니다. 이러한 정책의 효력에 대해 우리나라의 사법부가 최종적인 판단 권한을 갖지 못한다는 점에 대해서 비판적인 시각이 많습니다. 이 점에 대해서 어떻게 생각하십니까?

사람을 내세우는 경우
민주당에서는 ISD 조항이 외국 투자 기업의 이익을 위해 우리나라의 사법주권을 포기하는 것이라고 주장하는데, 이러한 민주당의 주장에 대해서는 어떻게 생각하십니까?

논쟁에서 사람 내세우기 접근 방식이 어떠한 결과를 가져오는지는 2011년 말을 전후한 시기에 충분히 경험했다. 찬성 측에서는 제일 먼저 민주당의 비일관성을 주장함으로써, 한미 FTA 국회 비준 반대 논리를 공격했다. 예컨대 주로 이런 내용이었다.

ISD 조항은 참여정부가 주도한 한미 FTA 초안에서부터 들어 있었던 내용입니다. 이미 참여정부 시절, 자신들이 검토하고 승인한 내용인 ISD 조항을 이유로 한미 FTA 국회 비준을 반대하는 주장은 타당하지 않습니다.

논리적인 관점에서만 보면, 한미 FTA에 기초한 외국 투자 기업과 국가 간의 분쟁에서 세계은행 산하 기구가 사법 판단 권한을 갖는 것이 타당한지를 논증하는 데 과거 민주당 의원들이 이 제도에 찬성했는지 반대했는지 여부를 따질 이유는 없다. 민주당 의원들이 과거에 이를 찬성했더라도 독소 조항으로 간주해 삭제해야 할 수도 있고, 반대로 이를 반대했더라도 국가 간 협약에서의 국제 기준으로 인정해야 할 수도 있다.

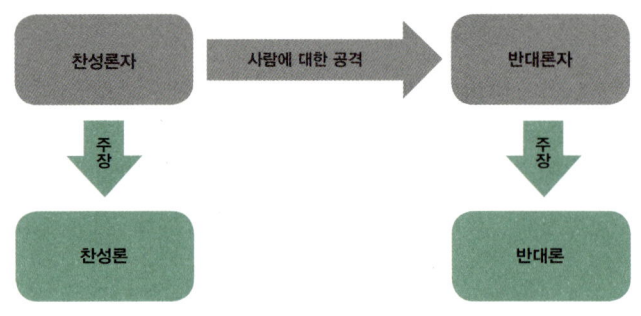

그러나 논쟁의 상대방이 ISD 반대라는 '주장'에서 그러한 논리를 주장하는 민주당 의원들이라는 '사람'으로 바뀌면서, 찬성 측의 공격 대상도 ISD 반대 주장의 논리가 아니라 비일관적인 태도를 보이는 민주당 의원들로 바뀐 것이다. 즉 찬성 측은 반대 논리를 주장하는 민주당 의원들을 공격함으로써 반대 주장 자체를 공

격한 것이다.

이것을 좀 더 논리학적으로 풀어보면 다음과 같다.

> 민주당은 지금 ISD를 반대한다.
> 민주당은 과거 ISD를 찬성했다.
> 민주당은 일관성이 없는 사람들이어서 신뢰할 수 없다.
> 그러므로 ISD는 유지되어야 한다.

논리학적으로는 전형적인 인신공격의 오류인데 현실에서는 자주 이용된다. 당시 한미 FTA 논쟁 과정에서도 이러한 접근 방식이 (찬성 측에서 보면) 상당한 효과를 거두었다.

이제 다시 손석희가 말하는 법을 보자. 손석희가 말하는 법은 철저하게 사람 내세우기를 피하고 생각 내세우기 방식을 택한다.

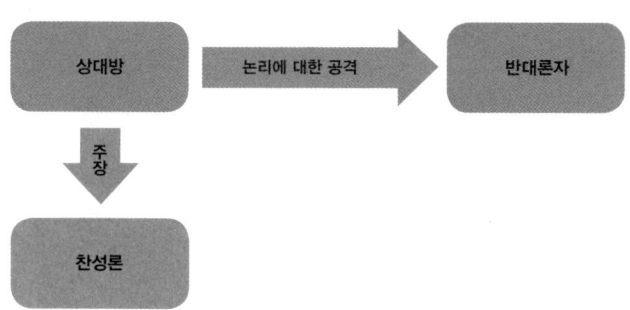

그는 좀처럼 이 사람은 이렇게 주장하는데 이에 대해서는 어떻게 생각하는지 묻지 않는다. 대신 이런 주장들이 있는데, 이런 시각이 있는데, 이런 관점에 대해서는 어떻게 생각하는지, 어떻게 답하겠느냐고 묻는다. 형식적으로 보면 이 대화에서처럼 사람들을 지목하는 것처럼 보일 때도 자세히 들여다보면 '이렇게 느끼는 사람이 많은데'라고 얘기해 특정인을 지목하지 않고 일반화한다. 실제로 사람이 아닌 생각을 내세우는 것이다.

얼핏 보면 아주 작은 차이 같지만, 이 작은 차이가 상대방으로 하여금 자신의 주장을 정당화하기 위해 반대 주장을 하는 사람의 흠을 부각시키는 것을 막는 작용을 한다. 따라서 상대방은 자신의 주장이 타당함을 보이기 위해서 반대 주장에 대한 논리적인 반박에 집중하지 않을 수 없다. 이제 더 이상 상대방은 그런 주장을 하는 신뢰할 수 없는 사람들이고, 그러므로 내 주장이 옳다는 식으로 사람들의 판단을 흐릴 수 없다.

싸우지 말고 반대 생각을 제시하라

▶▶▶ 토론의 조건

손석희가 말하는 법에 대해 한편에서는 차분하다고 평가하고 다른 한편에서는 차갑다고 말한다. 두 가지 평가는 서로 연관되어 있다. 결국 논쟁에 감정 개입을 최소화하고 있다는 점이다. 그만큼 손석희는 서로 다른 주장의 합리성과 논리적 타당성 검증에 최대한 집중한다.

우리나라 사람들은 토론에 약하다고 한다. 우리나라와 미국의 TV 프로그램을 비교해보면, 우리의 경우 토론 프로그램의 비중이 월등히 낮다. 그나마 있는 토론 프로그램도 일요일 이른 아침이나 평일 심야와 같이 웬만해서는 보기 힘든 시간으로 밀려나 있다. 우리나라 사람들이 토론 프로그램을 즐겨보지 않는다는 반증이다. 그 이유는 금방 알 수 있다.

토론의 목적은 입장이 서로 다른 사람들이 자기 의견을 논리적으로 교환하고 이를 통해서 협의점을 찾아가는 것이고 우리는 그런 일이 가능하다고 믿는다. 그것은 논리라는 것이 '대다수 사람들이 이해하고 수긍할 수 있는 생각의 이치'이기 때문이다.

사람들의 생각은 그 사람의 유전 인자, 환경 요인, 사회적 지위, 신앙, 정치적 신념, 현재 처한 상황과 같이 무수히 많은 요소에 의해 정해진다. 그렇기에 사람의 수만큼이나 생각도 실로 다양하다. 심지어 나 자신도 시간과 상황과 대상에 따라 생각이 끊임없이 바뀌기 때문에 지구상에 존재하는 생각의 수란 무한대에 가깝다.

그럼에도 불구하고 우리는 대화와 토론을 통해 생각이 다른 사람들, 이해관계가 대립하는 사람들이 합의점을 찾아갈 수 있을 것이라고 믿는다. 세상 모든 사람들이 만장일치로 찬성하는 경우를 기대하기는 어려울지 몰라도 대다수 사람들이 이해하고 수긍할 수 있는 생각의 이치가 있다고 믿기 때문이다.

자신의 생각을 머릿속에 두고만 있을 때 사람들 간에 의견의 합치란 있을 수 없다. 각자의 생각은 영원히 서로 다른 생각으로 존재할 뿐이다. 이러한 사람들이 한 사회 속에서 살아가면 그 사회에는 감정의 다툼과 힘에 의한 강제만이 있을 뿐이다.

그러므로 사람들은 대화와 토론이라는 과정을 통해 서로 다른 생각을 주고받는다. 그렇다고 해서 저절로 합의점이 찾아지지는 않는다. 오히려 자신의 생각을 인정하지 않는 상대방에 대한 답답한 감정만이 생겨날 뿐이다. 그러면 어떻게 해야 하는가? 바로 자신의 생각을 대다수 사람들이 이해하고 수긍할 수 있는 생각의 틀에 담아서 전해야 한다.

결국 서로 생각이 다른 사람들 간에 벌어지는 토론은 두 가지 중요한 믿음을 전제로 한다. 첫째, 대다수 사람들이 이해하고 수긍할 수 있는 생각의 틀이 있다는 것이다. 둘째, 각자의 생각을 이러한 생각의 틀에 담아 교환하면 이해와 수긍으로 발전시켜 갈 수 있다는 믿음이다.

우리가 말다툼을 벌인 친구와 이야기를 하든, 회사에서 입장이 다른 부서 사람들과 회의를 하든, 국가적으로 중대한 문제에 대해 토론을 하든, 대화와 토론에는 이러한 두 가지 믿음이 전제되어 있다. 그렇지 않으면, 대화와 토론은 아무런 의미 없는 시간 낭비다. 오히려 생각의 차이를 재확인하고 심지어 더 크게 증폭시키는 해로운 행위다. 따라서 대화와 토론에서 내 생각을 남에게 전한다는 것 자체만으로는 아무런 의미가 없다. 그것을 상대방도 이해하고 수긍할 수 있는 생각의 틀(논리)에 담아서 전달할 때 비로소 협의와 타협, 수정과 보완, 대안 모색과 의견 합치를 위한 노력으로서 의미가 있다.

▶▶▶ **고도의 문명사회와 지적 미개사회의 부조화**

그런데 실제 우리나라에서 볼 수 있는 토론은 대부분 우리의 기대와는 정반대로 간다. 처음에는 논리의 대립으로 출발하지만 나중에는 감정 대립으로 끝난다. 토론을 통해서 견해가 다른 사람들이 상대방을 이해하고 서로 합의점을 찾아가는 것이 아니라, 논리의 대립에 감정 대립만이 더해져 더 멀어지기만 할 뿐이다. 시청자들로서는 이런 토론을 무엇을 위해서 하고, 왜 하는지 알 수 없을 지경이다. 혹자는 이러한 모습에 대해 토론 프로그램에 토론은 없고 싸움만 난무한다고 말한다. 시청자들은 자연히 다른 예능 프로그램을 찾게 된다.

이런 사회에서 결론은 자명하다. 언제나 힘 있는 다수의 생각이 힘 없는 소수의 생각을 제압하는 것이다. 인간의 이성이 작동하지 않고 힘 있는 다수가 언제나 이기는 사회, 바로 미개사회의 모습이다.

이런 의미에서 우리 사회는 지적 미개사회의 모습을 벗어나지 못하고 있다. 고도의 문명사회와 지적인 원시 미개사회가 공존하면서 부조화를 빚어내는 것이다. 그러한 사회 속에서는 언제나 갈등과 비난과 충돌이 끊이지 않는다.

이러한 사회적 환경 속에서 손석희가 말하는 법은 우리에게 중요한 교훈을 준다. 그는 논쟁할 때 상대방과 싸우지 않는다. 자신의 감정 개입을 막고, 상대방의 감정적인 공격으로부터 자신을 보호하고, 이성 뇌의 활동을 극대화하고, 상대방 주장의 논리적인 모순에 집중한다.

토론을 벌이고 있는 상대방에게 반대 주장을 하는 사람 대신 반대의 생각을 내세운다. 이를 통해 상대방의 논리 전개에서 반대 주장을 하는 사람에 대한 감정 개입을 막는다. 상대방으로 하여금 반대 주장을 하는 사람에 대한 감정적인 공격이 아닌 반대 주장에 대한 논리적인 반박에 집중하게 한다.

손석희가 말하는 법은 언제나 서로 다른 생각의 옳고 그른 모습만을 부각해 보여준다. 손석희의 말이 언제나 차분하게 상대방의 오류를 찾아내는 이유는, 상대방을 반대 생각과 싸우게 함으로써 자신과 상대방의 감정 개입을 철저히 통제하기 때문이다.

▶ **손석희가 말하는 법 제1법칙**

스스로 상대방과 싸우지 마라.
상대방이 반대의 생각과 싸우게 하라.

4장

생각을 말하지 않고 사실로 말한다

우리는 이렇게 말한다

한국의 역사나 문화에 대한 지식 없이,
개고기를 먹는다는 사실만으로
비판하는 것은 문화상대주의에
반하는 태도입니다.

손석희는 이렇게 말한다

당신은 한국의 문화나 역사에 대해서
얼마나 알고 계십니까?

사실은 명쾌하다

▶▶▶ 사실을 먼저 말한다

손석희의 말은 명쾌하다. 그의 이야기를 듣고 난 사람들의 공통된 평가는 무엇보다 명쾌하다는 것이다. 왜 손석희의 말은 명쾌하게 들릴까? 그렇다면 다른 사람들은, 그리고 우리는 왜 그처럼 명쾌하게 말하지 못할까? 바르도와의 인터뷰 역시 손석희 특유의 명쾌한 언변이 단연 돋보인다. 그리고 왜 그의 말은 명쾌하게 들리는지를 파악할 수 있는 실마리를 드러낸다.

개고기 논쟁은 학생들의 논술 문제에도 단골로 등장하는 주제다. 그만큼 서로 다른 생각이 맞서기 쉽고 자신의 생각을 전달하는 능력을 가늠해보기 좋은 주제다. 개고기를 먹는 문화에 대한 생각을 이야기하라고 하면, 자신의 입장에 따라 문화상대주의를 논하거나 동물애호주의를 말한다. 문화상대주의란 특정 사회에 살고 있는 우리들이 공유하는 개별 문화는 독자적인 세계 인식 방식이나 가치관 등을 가지고 있기 때문에 다양한 문화를 두고 우열을 따질 수 없다는 견해를 말한다.

손석희는 사실에 대한 질문으로 이야기를 시작한다. "당신은 한국의 문화나 역사에 대해서 얼마나 알고 계십니까?"

손석희의 이 말하기 방식은 보통 사람들의 방식과는 다르다.

대화, 특히 논쟁에서 우리가 궁극적으로 내세우고 싶은 것은 상대방의 주장과 대립되는 자신의 주장이다. 흔히 이런 욕심이 앞서기 때문에 첫째, 주장을 주장 그대로 말하고, 둘째, 주장을 먼저 내세운다.

손석희는 다르다. 손석희는 주장을 사실로 바꾸어 말하고, 이러한 사실을 먼저 말한다. 이 두 가지 차이로 인해 손석희가 말하는 법은 명쾌하게 들리는 반면 우리의 말은 그렇지 않다. 좀더 구체적으로 살펴보자.

손석희의 말이 명쾌하게 들리는 이유는 첫째, 그가 자신의 생각과 주장을 '사실로 바꾸어' 말하기 때문이다. 우리는 상대방에게 말할 때 우리 머릿속에 들어 있는 주장을 그대로 말한다. 이 대화에 빗대어보자면, '당신의 주장은 문화상대주의에 반하는 주장입니다'라고 말하는 식이다. 이는 '생각나는 대로 말하기'이다. 상품을 만드는 경우로 비유하자면, 소비자가 무엇을 원하는지, 어떻게 하면 소비자에게 상품의 가치를 잘 보여줄 수 있을지, 어떻게 하면 소비자가 이 상품을 쉽고 충분하게 활용할 수 있을지 고민하지 않고 만드는 대로 대로 파는 것이다. 원시 가내수공업 시대의 방식이다.

바르도의 말과 행동을 보면서 손석희의 머릿속에는 무슨 생각이 먼저 떠올랐을까? 손석희의 머릿속에도 분명 상대방의 주장이 문화상대주의에 반하는 잘못된 주장이라는 생각이 먼저 떠올랐을 것이다. 그러나 손석희는 머릿속에 떠오르는 생각을 그대로 내뱉지 않는다. 상대방의 주장에 대해서 자신이 생각하는 반대 주장을 그대로 말하지 않는다. 자신의 생각을 사실에 관한 이야기나 질문으로 풀어서 말한다.

사실에 관해 이야기하는 것이 관념적인 생각을 이야기하는 것보다 명쾌하게 들리는 이유가 있다. 앞서 사람들이 여러 관념이나 가치관을 두고 서로 합의에 이르는 것처럼 보이지만, 사실 각자의 생각은 서로 다르다는 점에 대해 언급한 적이 있다.

'정의'라는 단어를 생각해보자. 2010년 우리 사회에서는《정의란 무엇인가》라는 책이 큰 인기를 끌었다. 마이클 샌델 교수는 이 책에서 무엇이 정의인지 말하기 위해 여러 예를 들면서 수없이 많은 질문을 던진다. 책의 분량만도 4백 쪽이 넘는다. 이 책에서 던지는 질문들은 사실 법철학에서 2천 년 이상 고민한 문제들이다. 그러나 정의가 무엇인지에 대한 생각은 모두들 다르다. 관념이나 생각에 대한 논쟁을 통해 대다수 사람들이 부분적으로 동의하는 공통분모를 찾을 수 있을 뿐이다. 구체적인 모습은 사람마다, 때로는 나 자신 속에서도 시간과 상황에 따라 다 다르다.

반면 사실은 어디까지나 단 하나만 존재한다. 우리가 제대로 기억하는가, 인식하는가, 증명할 수 있는가의 문제가 있을 뿐 사실은 언제나 단 한 가지다. 내가 지금 이 책을 읽고 있다는 사실은 누가 언제 이야기하더라도 참 또는 거짓으로만 존재한다. 따라서 처음부터 자신의 생각을 늘어놓는 사람은 무한대로 존재하는 생각 중에 한 가지 생각을 말할 수 있을 뿐이지만, 사실로 말하는 사람은 단 하나밖에 존재할 수 없는 것을 이야기하기 때문에 더 명쾌하게 들린다.

손석희는 상대방이 각국의 문화 차이를 존중하지 않는다거나 한국에 대해 편견을 가지고 있다는 식의 주장을 하지 않는다. 그는 한국의 문화나 역사에 대해서 얼마나 알고 있느냐라고 묻는다, 즉 사실에 관해 묻는다. 자신의 생각을 그대로 말하지 않고 사실로 바꾸어 말하는 것이다. 이제 상대방도 개고기를 먹는 것은 야만적인 행위라는 주장을 늘어놓을 수가 없다. 자신이 한국의 문화나 역사에 대해 얼마나 알고 있는지, 사실을 말할 수밖에 없다.

둘째로 손석희의 말이 명쾌하게 들리는 또 다른 이유는, 그가 사실에 관한 이야기를 주장보다 먼저 말하기 때문이다. 다른 사람과 대화할 때 누구나 자신의 생각이나 주장을 이야기하고 싶어 하고, 그것이 대화의 궁극적인 목적이다. 보통 사람들은 주장을 이야기하는 것이 목적이라, 주장을 먼저 이야기한다. 그러면 상대방도 당연히 자기 주장을 이야기하게 된다. 둘 사이에 절대적인 진리가 자리 잡기는 어렵다. 오랜 시간 대화를 해도 서로 생각이 다르다는 점만 확인할 뿐 결론이 나지 않는다. 상대방이 잘못된 논리로 주장을 이끌어가도 생각과 가치관이 달라서 그런 것인지, 상대방의 생각에 오류가 있어서 그런 것인지 입증하기 어렵다. 자연히 내 주장 역시 모호해지고, 대화를 듣는 사람은 누가 옳고 누가 그른지 판단하기 어렵다.

2004년 3월 1일, 손석희는 홍세화 당시 한겨레신문 기획위원과의 대화에서 주장을 주장 그대로 말하고 사실에 앞서 주장을 먼저 말하는 말하기의 문제점을 이렇게 설명한다.

> 토론이라는 것은 자기가 가지고 있는 데이터를 합리적으로 설득력 있게 제시해서 다른 사람과 접근하든가 설득하든가 하는 과정이 이뤄져야 하는 것인데, 우리 사회의 커뮤니케이션은 '카타르시스 커뮤니케이션'이기 때문에 어려운 것 같습니다. 설득을 하기 위한 것이라기보다는 자기 생각을 일방적으로 주장만 하면 되는, 일종의 '배설 커뮤니케이션'인 겁니다.

손석희는 바르도와의 인터뷰에서 상대방이나 자신의 주장, 생각, 관념을 이야기하지 않는다. 의도적으로 이런 말을 생략한다.

바로 사실에 관해 묻고 이야기한다. 그가 말하는 사실은 머릿속에서 저절로 떠오르는 것이 아니다. 상대방의 주장을 입력하면 그에 반대되는 생각이 떠오르는 것은 우리나 손석희나 마찬가지다. 그러나 손석희는 이렇게 떠오르는 생각을 지적 변환 과정을 통해 바꾸어낸 사실로 이야기한다. 손석희가 말하는 법의 명쾌함은 이렇게 완성된다.

오바마의 방식, 사실로 생각 드러내기

자신의 주장을 사실로 풀어서 말하는 것, 그리고 주장을 이야기하기 전에 그 주장에 관한 사실을 먼저 이야기하는 것, 이러한 특징은 전 세계적으로 말 잘하는 사람들의 말하기에서 자주 볼 수 있는 공통점이다. 우리와 같은 시대를 살아가는 유명인 중에서 말 잘하는 사람을 뽑으면 버락 오바마 미국 대통령을 빼놓을 수 없다. 오바마의 연설은 카네기가 구사하는 화술 테크닉에 존 F. 케네디 대통령의 화법이 더해져 미국인들의 마음을 사로잡았다고 평가된다.

　대통령 출마 당시 정치 신인이었던 오바마는 조직력과 자금력이 현저히 열세인 상태에서도 대통령이 되었다. 그는 2008년

2004년 연설 당시 존 케리와 버락 오바마

대통령으로 당선되었지만, 미국인들에게 버락 오바마라는 이름을 각인시켰던 것은 2004년에 있었던 단 15분의 연설이었다. 2004년 7월 27일, 메사추세츠 주 보스턴에서는 당시 민주당 상원의원이었던 존 케리의 민주당 대통령 후보 지명 수락 연설이 있었다. 그해 일리노이 주 상원의원이던 오바마는 연방 상원의원에 입후보한 상태였다. 케리는 오바마라는 인물을 알아보고 기조연설을 맡겼다.

대부분의 미국인들이 이때 '버락 오바마'라는 이름을 처음 듣게 된다. 역사적인 오바마의 연설은 이렇게 시작된다.

오늘밤은 저에게 특별히 영광스럽게 여겨집니다. 그 이유는 제가 이 자리에 선다는 사실이 도저히 있을 수 없는 일이기 때문입니다. 저의 아버지는 케냐의 작은 마을에서 태어나고 자란 가난한 유학생이었습니다.

그는 이 연설에서 어렵고 가난한 사람들도 미래를 위해 열심히 노력하면 꿈을 이룰 수 있는 나라 미국을 말한다. 그리고 이들의 꿈을 다시 실현시킬 수 있는 하나 된 미국을 위해 뭉칠 것을 역설하며 담대한 희망을 이야기했다. 그는 이러한 자신의 관념과 주장을 먼저 이야기하지 않았다. 만약 자신의 생각을 먼저 내세워 미국이 다양성을 존중하는 사회가 되어야 한다느니, 가난한 사람도 미래의 희망을 가질 수 있는 사회가 되어야 한다느니, 이런 말로 연설을 시작했다면, 어땠을까?

말 자체에는 동의하지만, 어느 정도의 다양성이 얼마나 존중되어야 하는가에 대해서는 듣는 사람마다 달리 생각했을 것이다. 얼마나 가난한 사람이 어느 정도 희망을 가져야 하는지에 대해서도 서로 다르게 생각했을 것이다. 사람들은 각자 자신의 생각을 계속할 뿐 생각의 차이는 좁혀지기 어려웠을 것이다. 오바마는 다양성, 가난, 희망을 이야기하고 듣는 사람들도 같은 단어를 듣지만, 청중들은 그 단어들의 여러 의미 중에서 오바마가 정확히 무엇을 이야기하는지 알기 어려웠을 것이다.

그는 케냐 출신의 가난한 유학생, 바로 자신의 아버지에 관한 사실을 먼저 이야기했다. 그러기에 서로 이해하는 바와 생각이 다른 사람들도, 그가 무엇을 이야기하는지 정확하게 알 수 있었다. 자신의 부모에 관한 명확한 사실을 이야기했기 때문에 누구도 그의 이야기를 부인할 수 없다. 오바마는 이 사실에 기초해 자신의 주장을 펼쳤다.

그는 다양성이 존중되어야 한다는 생각을 말하지 않고, 이러한 생각을 뒷받침하는 사실을 이야기했다. 오바마는 다양성을 이렇게 말한다.

> 제 어머니는 아버지의 고향으로부터 지구 반대편에 위치한 캔자스에서 태어났습니다. 서로 다른 두 대륙에서 태어난 부모님은 믿기지 않는 사랑뿐만 아니라, 이 나라의 가능성에 대한 변함없는 신념도 함께 나누었습니다. 그들은 제게 버락(Barack), 즉 '축복받은 자'라는 뜻의 아프리카 이름을 지어주면서도 관용이 넘치는 미국 땅에서 제 이름이 성공에 걸림돌이 되지 않으리라고 확신했습니다.

그는 가난을 이렇게 말한다.

아버지는 염소를 쳤고, 양철 지붕을 올린 판잣집 학교를 다녔습니다. 저희 할아버지는 영국인 가정의 조리사이자 하인으로 일했습니다. 하지만 할아버지는 아들을 위해 큰 꿈을 품고 있었습니다.

그는 희망을 이렇게 말한다.

아버지와 어머니는 전혀 부유하지 않으면서도 제가 이 땅에서 최고의 학교에 갈 수 있으리라는 꿈을 저버리지 않았습니다. 관대한 미국에서라면 돈이 많지 않아도 자기 능력을 맘껏 발휘할 수 있기 때문입니다. 그리고 제가 물려받은 이러한 다양성에 감사하는 마음으로 오늘밤 이 자리에 선 저는, 부모님의 꿈이 제 소중한 두 딸에게로 계속 이어져가고 있음을 알고 있습니다.

이러한 화법을 사용했기에 서로 다른 문화에서 성장한 청중들도 그의 주장에 빨려들어 갈 수 있었다. 실제 오바마의 이 기조 연설 영상을 보면 백인, 흑인, 아시아인, 남미인, 터번을 쓴 아랍인, 그리고 20대 여성부터 80대 남성에 이르기까지 기립박수를 보내는 모습을 볼 수 있다. 처음에는 케리가 이처럼 중요한 순간에 저런 흑인 정치 신인을 기조연설자로 세운 것에 의아해하면서 팔짱을 끼고 있던 청중들도, 사실로부터 도출해내는 담대한 증언과 희망 앞에서는 하나가 될 수밖에 없었다. 이러한 오바마의 화법은 결국 4년 후 미국 최초의

2004년 오바마의 연설

흑인 대통령 당선이라는 새로운 역사를 만드는 힘이 되었다.

오바마의 사실 말하기는 4년 후 대통령 당선 연설에서도 나타난다. 2008년 11월 4일, 그는 시카고 그랜드 파크에서 한 이 연설에서 "Yes, We Can!"이라는 모토를 내세운다. 지금 미국을 둘러싼 난제들 앞에 두려움에 빠져 주저앉지 말고 고개를 들어 미래를 바라보며 할 수 있다는 신념을 갖자고 말한다. 이를 위해 미국이 지난 백 년간 인종과 여성 인권, 빈곤과 폭력 등 당시에는 해결할 수 없을 것 같았던 문제들을 이겨내고 성장했음을 이야기한다. 눈앞의 어려움만을 보고 좌절하지 말고, 더 큰 시각에서 미국의 성과와 가능성을 믿자고 이야기한다. 그러나 그는 이러한 생각을 먼저 꺼내놓지 않는다. 오바마는 미국의 힘과 가능성을 이렇게 말한다.

오바마 취임 연설

그녀는 이번 선거에서 자신의 목소리를 내기 위해 줄을 선 수백만 국민들과 비슷한 사람이었습니다. 앤 닉슨 쿠퍼(Ann Nixon Cooper), 그녀가 106세라는 단 한 가지만 빼고 말입니다. 그녀는 노예제가 막 폐지된 시절에 태어났습니다. 당시 그녀와 같은 사람들은 두 가지 이유 때문에 투표를 할 수 없던 시절입니다. 첫째는 여자였으며, 또 하나는 그녀의 피부색이었습니다.

여성은 침묵을 지킬 수밖에 없었고, 그들의 희망이 사라진 시대에 쿠퍼는 여성들이 일어나 외치면서 투표권을 얻는 모습을 보며 살아왔습니다. 우리는 할 수 있습니다.

미국 최초의 농업 위기인 더스트볼 시대와 전국을 휩쓴 대공황의 시대에 절망만이 남았을 때, 그녀는 국가가 뉴딜 정책과 새로운 일자리 창출, 그리고 새로운 공동의 목표 설정을 통해 두려움을 극복하는 모습을 지켜보았습니다. 우리는 할 수 있습니다.

폭탄이 우리의 해안에 떨어지고 독재자가 세계를 위협할 때, 그녀는 동시대 사람들이 위대한 사람들이 되고 민주주의가 수호되는 순간들을 보기 위해 그곳에 있었습니다. 우리는 할

2008년 당시 106세 투표자 앤 닉슨 쿠퍼

수 있습니다.

그리고 올해 그녀는 손을 스크린에 터치하면서 투표권을 행사했습니다. 왜냐하면 미국 역사상 최고의 순간들과 가장 어두웠던 시간들을 지내면서, 그녀는 106년이라는 시간을 보내면서, 미국이 얼마나 바뀔 수 있는지를 알고 있기 때문입니다. 우리는 할 수 있습니다.

_ 버락 오바마 취임 연설

오바마는 같은 해 3월 18일 필라델피아 국립헌법센터에서 미국 의료보험 제도의 개혁을 이야기한다. 그러나 미국의 의료보험 제도 개혁이 단지 흑인들의 문제가 아니며 개혁이 시급하다고 말하지 않는다. 그는 이렇게 말한다.

> 애슐리 바리아라는 스물세 살의 백인 여성이 있습니다. 애슐리는 자신이 아홉 살 때 어머니가 암에 걸렸습니다. 어머니가 치료를 위해 결근하는 날이 많아지자 직장을 그만둬야 했고, 의료보험도 소멸되고 말았습니다. 결국 파산 신청까지 해야 할 상황이 되자, 애슐리는 어머니를 위해 무언가를 해야겠다고 다짐했습니다. 지출에서 가장 많이 나가는 것이 식비라는 사실을 안 애슐리는 어머니에게 다른 것은 필요 없고 겨자 소스 샌드위치가 먹고 싶다고 말했습니다. 가장 저렴하게 먹을 수 있는 음식이기 때문이었습니다. 애슐리는 어머니의 건강이 괜찮아질 때까지 이 음식을 1년 동안 먹었습니다.
> 침묵을 지키던 나이 지긋한 흑인 남성이 말할 차례가 왔습니다. 그는 의료보험이나 경제, 교육이나 전쟁 같은 단어는 거론하지 않았습니다. 버락 오바마 때문에 (오바마 후보 지지 모임인 이곳에) 왔다고 하지도 않았습니다. 단지 그 자리에 있던 모든 이에게 이렇게 말했습니다. '저는 애슐리 때문에 여기에 온 것입니다.'

논리적 커뮤니케이션에 대한 인식

자신의 주장을 말하기 전에 이를 뒷받침할 사실을 먼저 말하라. 얼핏 들으면 쉬운 것 같다. 하지만 대부분의 사람들은 사실을 먼저 말하기는커녕 어느 것이 사실이고 어느 것이 주장인지를 구별하지 못하는 경우도 많다. 다음 중 어느 것이 사실이고 어느 것이 주장인가?

> 내 여자친구는 미인이다.
> 나는 내 여자친구가 미인이라고 생각한다.
> 김사랑은 미인이다.
> 김사랑은 미스코리아 출신이다.

흔히 '그 사람이 나쁜 인간이라는 것은 명백한 사실이다'라고 말하는데, 이 역시 사실과 주장을 혼동하는 경우다. 이런 까닭에 사람들 간의 분쟁에 대한 최종 판단에 관여하는 법률가들은 이러한 문제들을 사실, 주장, 증거라고 부르며 엄격하게 구별하고 적합한 기준을 연구한다. 증거로 사실을 뒷받침하고, 사실로 주장을 뒷받침한다고 말할 수 있다. 그러므로 나와 다른 주장을 하는 사람과 논쟁할 때는 내 주장부터 늘어놓고 목소리를 높여갈 것이 아니라, 어떠한 사실로 내 주장을 뒷받침할지를 먼저 생각하고 그 사실에 관한 이야기로 시작해야 한다.

손석희는 이러한 논리적 커뮤니케이션에 대한 인식이 확고하다. 그래서 언제나 자신의 주장을 늘어놓기 전에 상대방에게 사실을 묻고 자기 생각을 사실로 풀어 말한다. 손석희의 말이 명쾌한 이유는, 주장을 주장으로 말하지 않고 사실로 풀어 말하고 묻기 때문이다.

▶ **손석희가 말하는 법 제2법칙**

주장부터 늘어놓지 마라.
주장을 뒷받침하는 사실을 먼저 말하라.

5장

상대방이 알고 있는 예를 든다

우리는 이렇게 말한다

왜 소는 먹어도 되고
개는 먹으면 안 됩니까?

손석희는 이렇게 말한다

인도에서는 소를 먹지 않는다고 해서 다른 나라 사람들이 소를 먹는 것에 대해 반대하지 않습니다. 이러한 문화적인 차이에 대해 인정하실 생각이 없으십니까?

서로 아는 사례의 구속력

손석희가 말하는 법의 또 하나의 특징은 상대방을 꼼짝 못하게 만든다는 것이다. 당대의 언변 있다는 인물들이 토론과 인터뷰의 상대방으로 나오는데, 손석희는 그들을 냉철하게 휘어잡는 모습을 보여주었다. 자신과 상대방, 청취자들도 모두 알고 있는 사례를 가지고 이야기하는 방식의 힘이 크다.

개고기 논쟁에 대해 생각해보자. 개고기 논쟁에서 가장 자주 등장하는 반론 중 하나가 왜 다른 고기는 되고 개고기는 안 되는가이다. 이 대화에서 손석희가 왜 소고기는 먹으면서 개고기는 먹으면 안 된다고 하느냐, 이렇게 받아쳤다고 생각해보자. 그러면 상대방은 개는 인간과 감정을 나누는 반려동물이지만 소는 반려동물이 아니기 때문에 둘은 서로 다른 경우라고 반론할 것이다. 그러면 다시 한국에서는 주인과 소가 깊이 교감하는 경우도 있다, 실제 이러한 주제로 〈워낭소리〉라는 영화가 만들어지기도 했다, 이런 식으로 이야기가 흘러간다. 상대방은 이게 무슨 이야기인지 알아듣기 어렵고, 다시 자신의 주장으로 돌아간다.

손석희는 이렇게 말하지 않는다. 그는 자신도 알고, 상대방도 알고, 이 대화를 듣고 있는 청취자들도 모두 알고 있는 '인도'의 예에 집중한다. 인도에서는 소를 시바신이 타고 다니는 운송 수

단, 즉 신성한 가축으로 생각해 소(특히 수소)고기를 먹지 않는다. 인도 사람들이 소고기를 먹지 않는 사실, 그러나 소고기를 먹는 다른 나라 사람들을 비난하지 않는 사실은 상대방도 알고 있다. 잘 모르겠다거나, 그렇지 않다고 말할 수 없다. 이제 상대방은, 인도 사람들은 자신들이 신으로 숭배하는 소고기를 먹지 않지만 소고기를 먹는 다른 문화를 이해하고 이를 비난하지 않는데, 자신이 개고기를 먹는 한국 사람들을 비난하는 것은 과연 정당한지 설명해야 한다.

서로 알고 있는 사례의 구속력은 다른 경우에서도 찾아볼 수 있다. 단 하나의 의사소통상의 실수로도 큰 재앙을 가져올 수 있는 군대에서도 이러한 방식을 쓴다. 미군의 경우 영어 알파벳 C를 이야기할 때 항상 찰리(Charlie)의 C라고 말한다. 무전기나 전화로 전달하는 과정에서 C가 D와 같이 다른 알파벳으로 들릴 수도 있기 때문이다. 상대방 입장에서 보면 그냥 C라고 했을 경우엔 나는 D라고 들었다라고 할 수 있지만, Charlie의 C라고 했을 때는 이렇게 말할 수 없다. 말하는 사람과 듣는 사람 모두 Charlie라는 단어를 알고 있고, 그중에 D는 들어 있지 않기 때문이다.

이 대화에서 손석희가 막연히 소와 개를 비교하는 것이 아니라 인도의 소라는 구체적이고 모두 다 아는 예를 들어 이야기하기 때문에, 상대방은 이제 인도의 소라는 예에 갇히는 것이다. 막연히 소와 개는 다르다는 주장으로 도망갈 수 없다. 손석희가 말하는 법의 상대방을 꼼짝 못하게 하는 힘은 이렇게 완성된다.

안토니우스가 브루투스를 물리친 힘

셰익스피어의 작품 〈줄리어스 시저〉에는 브루투스와 안토니우스가 등장한다. 브루투스는 당시 로마 지도자 율리우스 카이사르를 암살하는 데 성공하고, 연설을 통해 자신의 정당성을 인정받는 듯했다. 그러나 이어지는 연설에서 안토니우스는 브루투스의 주장을 뒤엎고 로마 시민들이 그를 단죄하도록 한다. 결국 권력은 안토니우스에게 돌아가고 브루투스는 몰락한다.

    카이사르의 장례식에서 먼저 연설을 한 브루투스는, "카이사르를 사랑하지 않았기 때문이 아니라 로마를 더 사랑했기 때문이다"라는 유명한 말로 카이사르가 황제로 군림하려는 야심을 가지고 있었고 자신은 로마 시민의 자유를 보호하기 위해 친구인 카이사르를 암살했다고 주장한다. 로마 시민들은 자신들의 자유를 지키기 위한 행동이라는 브루투스의 주장에 설득당한다. 카이사르가 정말 악한 야심을 가지고 있었을까, 이미 죽은 카이사르는 말이 없다.

마르쿠스 브루투스(Marcus Junius Brutus, 기원전 85~42)

만약 여러분 가운데 카이사르를 사랑하는 분이 계시다면, 나는 이 브루투스의 카이사르 사랑이 결코 여러분에게 뒤지지 않는다는 사실을 말씀드리려 합니다. 이렇게 말씀드리면 여러분은, 그렇다면 무슨 까닭으로 카이사르를 죽였느냐고 나무랄 것입니다. 카이사르를 사랑하는 마음이 모자라서가 아니라 로마를 더 사랑했기 때문입니다. 이것이 나의 대답입니다.

여러분은 카이사르가 살아 있음으로 해서 로마 사람들이 노예가 되는 비극을 원하십니까. 카이사르가 죽음으로써 로마 사람들이 자유인이 되기를 원하십니까? 나는 카이사르를 사랑했기에 그를 위해서 눈물을 흘리고 있습니다. 그러나 그가 옳지 못한 야심을 품고 있었기에 눈물을 흘리며 그를 죽였습니다. 야심에 대해서는 죽음이 있을 뿐입니다. 이 브루투스는 나라를 위해서 눈물을 머금고 가장 사랑하는 친구를 죽였습니다.

그러나 안토니우스는 이런 상황에서 판세를 완전히 바꾸었다. 카이사르가 악한 야심을 가지고 있었다는 브루투스의 말이 거짓임을 로마 시민들에게 입증해 보였다. 그는 더 이상 브루투스가 카이사르의 야심에 관해 다른 주장을 하지 못하도록 브루투스를 몰아세운다. 안토니우스는 자신과 로마 시민, 그리고 브루투스 모두 알고 있는 카이사르의 행동들을 하나씩 예로 든다. 안토니우스는 이렇게 말한다.

브루투스는 카이사르가 야심가였다고 말하고 있습니다. 과연 그는 어떠했습니까? 카이사르는 외적을 토벌할 때마다 수많은 포로들을 로마로 데려왔고, 그들의 몸값을 받아 이 나라의 국고를 가득 채웠습니다. 그 과정에서 한 푼도 챙기지 않았습니다. 이것이 야심에서 비롯된 행동입니까?

가난한 이들이 굶주림에 울부짖을 때, 카이사르는 그들과 함께 울었습니다. 이것이 야심입니까? 야심이란 이보다는 더 매정스럽지 않고서는 품을 수 없는 마음일 것입니다.

여러분도 몸소 보셨으리라 생각합니다. 루페르칼리아 축제에서, 나 안토니우스가 세 번이나 왕관을 카이사르에게 바쳤습니다. 그러나 그는 세 번 모두 단호하게 거절했습니다. 이래도 카이사르에게 야심이 있었다고 하겠습니까?

여러분은 모두가 이 망토를 기억하고 있습니다. 보십시오. 이 자리로 카시우스의 비수가 뚫고 들어갔습니다. 이 옷이 어떻게 찢겨져 있는지 보십시오. 이곳으로는 카이사르의 따뜻한 사랑을 받은 브루투스가 비수를 꽂았습니다. 브루투스가 저주받은 칼날을 뽑자, 카이사르의 피가 그 뒤를 좇아 이렇게 흘러내린 자국을 보십시오. 그때 카이사르는 그처럼 무례하게 문을 두들긴 자가 브루투스였는가를 확인하려고 밖으로 달려 나가는 길이었습니다. 왜냐하면, 여러분도 알다시피 브루투스는 카이사르의 천사였기 때문입니다.

여기 카이사르의 도장이 찍힌 유서가 있습니다. 그는 모든 로마 시민 한 사람 한 사람에게 75드라크마를 남겼습니다. 게다가 그분은 테베레 강 이쪽에 있는 자기 산책로, 개인 정자와

마르쿠스 안토니우스(Marcus Antonius, 기원전 82~30)

나무를 새로 심은 과수원을 모두 여러분에게 남겼습니다. 여러분에게, 그리고 여러분의 후손들에게 영원히 남겼습니다. 여러분은 밖으로 나가 산책을 하며 휴식할 수 있습니다. 또 그것은 여러분 모두의 기쁨이 될 것입니다. 여기 한 사람의 카이사르가 있었습니다. 그러한 사람이 언제 또 나오겠습니까?

그는 카이사르가 전리품으로 국고를 채우고도 자신은 한 푼도 챙기지 않았던 일, 가난하고 굶주린 자들과 함께 울었던 일, 자신이 바친 왕관을 거절했던 일들을 상기시킨다. 또한 로마 시민들이 알고 있는 카이사르의 망토와 유서를 들어 카이사르에 대한 기억을 되살린다. 브루투스는 카이사르가 로마 시민들을 노예로 삼으려는 야심을 가지고 있었다는 주장만 했다. 하지만 안토니우스는 모두 알고 있는 예들을 들어 그 주장이 허위임을 증명해 보인다. 로마 시민은 일제히 친구를 죽인 반역자 브루투스를 처단하라고 외친다.

마틴 루서 킹이 말하는 꿈

1963년 8월 28일, 마틴 루서 킹의 워싱턴 DC 링컨 추모관 연설인 '나에겐 꿈이 있습니다'는 프랭클린 루스벨트의 취임 연설, 윈스턴 처칠의 '나치 침략에 대한 전쟁 독려사', 존 F. 케네디의 취임 연설과 함께 20세기 4대 명연설로 꼽힌다.

  이 연설에서 그는 노예가 해방된 지 백 년이 지났지만, 흑인 차별이 엄존하는 현실을 적시하고 이에 대한 투쟁을 이야기한다. 1955년 몽고메리에서 로저 파크스라는 흑인 여성이 백인 승객에게 자리를 양보하라는 버스 운전사의 지시를 거부했다는 이유로 경찰에 체포되었다. 킹은 당시 스물여섯의 나이로 몽고메리 버스 보이콧 운동을 이끌었다. 이후 그는 서른다섯 살에 노벨평화상을 수상하고, 서른아홉 살에 멤피스에서 암살당했다.

역사적으로 개혁을 요구하는 사람들의 가장 큰 적은 개혁에 정면으로 반대하는 수구 세력이 아니다. 오히려 예전보다 많이 나아졌다고 말하는 위로 세력이다. 킹은 이 연설에서 흑인의 지위에 대해 이 정도면 되지 않았느냐고 말하는 목소리에 맞서 왜 투쟁을 멈출 수 없는지를 말한다. 그는 아직도 흑인들이 많은 차별을 받고 있다고 말하지 않는다. 그는 이렇게 말한다.

> 공민권을 열렬히 지지하는 이들은 간혹 이런 질문을 받습니다. 언제쯤이면 만족하겠습니까?
> 차마 입에 담을 수 없는 경찰의 만행에 흑인이 계속해서 희생되는 한, 우리는 결코 만족할 수 없습니다.
> 여행하다 지쳐 무거워진 우리의 몸을 고속도로 근처 모텔이나 도심 속 호텔에 누일 수 없는 한 우리는 결코 만족할 수 없습니다.
> 흑인이 이주할 수 있는 기본 반경이 작은 빈민가에서 큰 빈민가 정도밖에 되지 않는 한 우리는 만족할 수 없습니다.
> 우리의 자녀가 '백인 전용'이라는 표지판 앞에서 자존심을 짓밟히고 존엄성을 박탈당하는 한 우리는 결코 만족할 수 없습니다.

미시시피에 사는 흑인이 투표를 할 수 없고, 뉴욕에 사는 흑인이 투표할 이유를 찾지 못하는 한 우리는 만족할 수 없습니다.

그는 노예해방령이 선포되었는데도 인종차별 철폐를 외치는 자신들의 주장이 정당하다는 것을 입증하기 위해 그 자리에 모인 흑인들과 연설을 듣고 있는 백인들이 모두 한번쯤 보거나 경험한 경찰의 가혹 행위, 흑인을 거절하는 호텔, 백인 전용이라는 표지와 같은 예들을 들어 보인다. 이제 이 정도면 만족할 만하지 않는가라고 말하는 사람들도 이런 사례들을 부인할 수 없고, 올바르다고 할 수도 없다. 서로 알고 있는 사례에 갇히는 것이다. 그리고 킹이 "나에게는 꿈이 있습니다"라고 말할 때 그 꿈이 미국에서 실현되어야 한다는 점에 동의하지 않을 수 없게 된다.

상대방도 알고 있는 예시, 논리의 울타리

조금 아는 사람은 어렵게 설명하고 많이 아는 사람은 쉽게 이야기한다. 조금 아는 사람은 예를 들어 설명한다 해도 듣는 이가 이해하기 어렵다. 조금 아는 사람은 이론만을 알고 있거나 현실에 적용하더라도 오로지 자신이 알고 있는 상황에만 적용할 수 있기 때문이다. 그러나 많이 아는 사람은 그 이론을 체화하고 있기 때문에 어느 누구에게 이야기하더라도 (자신만 알고 있는 사례가 아니라) 상대방도 알고 있는 사례에 적용해서 설명해줄 수 있다.

서로 다른 의견이 맞서는 논쟁에서도 마찬가지다. 상대방 입장에서는, 자신이 잘 모르는 사례를 들어서 이야기하는 주장에 대해서는 다른 사례를 이야기하거나 자신의 주장을 반복하면서 쉽게 빠져나올 수 있다. 그러나 자신도 알고 다른 사람들도 알고 있는 사례를 들어서 이야기하면, 왜 자신의 주장과 다른 결과가 생기는지 설명하지 않을 수 없다. 그 점을 해명하기 전에는 다른 논의로 넘어갈 수 없다.

상대방이 알고 있는 사례가 논쟁에서 어떠한 작용을 하는지 살펴보자.

첫째, 제3의 장소에 상대방을 가둔다. 바르도는 지금까지 프랑스의 눈으로, 프랑스인들의 눈으로, 프랑스의 역사와 문화의 눈으로 한국과 한국인들, 한국의 개고기 문화를 이야기했다. 손석희는 인도라는 사례를 들어서 상대방을 제3의 장소에 던져 넣는다. 상대방은 자신이 생각하지 못했던 낯선 장소에서 자신의 논리를 전개해야 한다. 이를 통해 손석희는 상대방의 주장이 객관성과 보편성이 있는지 스스로 검증할 것을 요구한다.

둘째, 구체적인 상황으로 논의를 집중시킨다. 왜 소는 되고 개는 안 되느냐고 하든, 인도에서는 소를 먹지 않는다고 하든, 결국 소와 개를 비교하는 이야기다. 그러나 소는 프랑스의 소가 있고 한국의 소, 인도의 소가 있다. 우리가 막연히 소라고 말했을 때 상대방은 이 중에서 자신에게 유리한 의미의 소로 달아나고 논지는 흐려진다. 소는 개와 같이 인간과 감정을 나누는 반려동물이 아니어서 개와 소를 같게 볼 수 없다고 답하는 식이다. 그러나 손석희는 인도의 소라는 구체적인 상황으로 상대방을 몰아넣는다. 이제 상대방은 "프랑스에서 소는……"이라고 말하며 도망갈 수 없다. 자신은 늘 먹고 있지만, 다른 곳에서 12억 명의 사람들이 신앙으로 받드는 '인도의 소'에 관해 이야기해야 한다.

셋째, 하나의 사례는 간결하지만 상대방에게 많은 질문을 한꺼번에 던진다. 하나의 사례는 상황을 구성하는 여러 가지 사실들로 이루어진다. 그래서 간결하지만 여러 질문을 불러일으킨다. 이제 상대방은 자신이 왜 인도에서는 신앙으로 숭배하는 소를 먹는지, 다른 사람들이 신앙으로 숭배하는 소를 먹는 것과 다른 사람들이 친구로 생각하는 개를 먹는 것은 어떻게 다른지, 인도 사람들은 소를 먹는 사람을 비난하지 않는데 왜 프랑스 사람들은 개를 먹는 것을 비난하는지 등의 무수한 질문들에 답해야 이 질문에서 빠져나갈 수 있다. 상대방은 꼼짝할 수 없는 논리의 울타리에 갇히게 되는 것이다.

　손석희는 이처럼 상대가 알고 있는 사례를 들어서 그에 대한 답변을 요구한다. 손석희의 말이 항상 상대를 꼼짝 못하게 만드는 이유는, 상대방의 주장을 누구나 아는 제3의 사례에 던져놓고 구체적인 상황에 집중해 답을 요구하기 때문이다.

> ▶ **손석희가 말하는 법 제3법칙**
>
> 상대방의 주장을
> 상대방이 알고 있는 사례에 적용해
> <u>스스로</u> 답하도록 하라.

6장
다수에게 합리성을 요구한다

우리는 이렇게 말한다

한국을 비롯한 아시아의 몇 개국을 제외한 세계의 어느 나라에서도 개를 먹지 않습니다.

손석희는 이렇게 말한다

소를 먹기 위한 나라도 있지만, 개를 먹기 위해서 키우는 나라도 있을 수 있습니다. 개를 먹기 위해서 키우는 나라가 소수라고 해서 배척을 받는다면, 문화적인 차이를 인정하지 못하는 것 아닙니까?

강한 자에게 엄격한 통쾌함

손석희가 하는 말을 듣고 있으면 통쾌하다. 혹자는 그의 말을 들으면 독설이 없는데도 가슴이 뻥 뚫리는 것 같다고 말한다. 많은 사람들이 그의 이야기를 들으면서 통쾌함을 느낀다. 사회적으로 힘 있는 자들에게 더 엄격하게 논리적인 합리성을 요구하기 때문이다.

우리 사회 서민들은 기업의 돈, 약한 자들의 돈, 국가의 세금을 수천억 원씩 사리사욕을 위해 유용한 자들이 광복절이나 성탄절이 되었다는 이유로 풀려나는 모습을 힘없이 지켜보면서 분노한다. 정작 서민들은 허가 없이 노점상을 했다는 이유로 유일한 재산인 물건을 빼앗기고 손수레가 부서지는 것을 지켜보면서 더욱 분노한다.

2011년 8월 5일, 손석희는 〈시선집중〉의 '말과 말'에서 이렇게 말한다.

'자녀 문제 때문에 이성적으로 판단하지 못했다.' 한상대 검찰총장 후보자가 어제 인사청문회에서 한 말이었습니다. 딸의 중학교 진학을 위해서 위장 전입한 사실을 사과한 것인데요.

다른 주민법 위반자에 대해서는 법대로 처리하겠다고 밝혔습니다.

사회적 약자들은 분노를 표출할 사회적 힘이 없지만, 그 분노는 쌓이고 억눌릴 뿐 사라지지 않는다. 강자에게 관대하고 약자에게 엄격한 사회에 대한 분노를, 손석희는 특유의 화법으로 대신 토해낸다. 그래서 그들은 손석희의 말을 듣고만 있어도 뻔뻔스런 권력자들의 뺨을 대신 후려갈긴 듯 통쾌하게 느낀다.

바르도와의 대화에서 손석희는 소를 먹기 위해 키우는 나라가 다수고, 개를 먹기 위해 키우는 나라는 소수라고 인정한다. 개고기는 우리나라 외에도 중국, 대만, 베트남에서 먹는 것으로 알려져 있다. 중국의 14억 명, 대만의 2천만 명, 베트남의 8천만 명, 한국의 5천만 명, 여기에 인도의 12억 명을 합하면, 프랑스처럼 '소는 먹고 개는 먹지 않는 나라'들의 인구는 전 세계 인구의 60퍼센트이고, 그렇지 않은 나라들의 인구는 40퍼센트다. 그러나 손석희는 이렇게 따지고 들어가지 않는다.

개고기를 먹지 않는 나라가 다수고, 개고기를 먹는 나라가 소수라고 인정한다. 대신 다수가 자신들의 문화는 다양성의 상징이고 소수의 문화는 야만이라고 말하는 모순을 지적한다. 그는 맹목적으로 소수나 약자를 지지하는 방식으로 말하지 않는다. 다수를 인정하되, 다수가 자신들에게 적용하는 잣대를 소수에게도 들이댈 것을 요구한다. 손석희가 말하는 법은 정확하게 토머스 제퍼슨이 말한 민주주의의 기본 정신과 맞닿아 있다. 손석희가 말하는 법의 통쾌함은 여기서 비롯된다.

다수는 자신들의 차이는 다양성의 상징이라고 말하고, 소수자들의 차이는 일탈이라고 말한다. 다수의 이익은 국익이라고 말하고, 소수의 이익을 위한 노력은 계층 갈등이라고 말한다. 다수의 이익을 위한 일은 투자라고 말하고, 소수의 이익을 위한 일은 비용 지불이라고 말한다.

어느 나라든 진보와 보수, 좌파와 우파의 대립이 있다. 사회의 다양한 문제들 중 양극단의 10퍼센트씩은 진보와 보수라는 세상을 바라보는 가치관의 차이에서 비롯된다. 이들 간에 완벽한 합의를 기대하기 어렵다. 공존의 길을 찾을 뿐이다. 그러나 나머지 80퍼센트는 이성과 합리의 몫이다. 그래서 토론하고 논쟁하며 사회적 합의를 도출해간다.

언제부터인가 우리 사회는 진보와 보수가 양쪽의 40퍼센트씩을 차지하고 있다. 이성과 합리의 영역은 가운데 20퍼센트로 줄어들고 있다. 손석희는 이러한 기형적 현상에 대해 "한국 사회는 거의 모든 사안에 대해 늘 보혁 구도로 나뉘는 것 같다"라고 말한다.

이성과 합리로 사회 문제를 해결하는 능력을 상실하고, 이익과 무리 짓기로 힘겨루기를 하는 사회는 정신적 야만의 사회다. 손석희는 정신적 야만의 사회를 향해 다시 이성과 합리를 이야기한다. 손석희는 다수와 소수라는 현상과 옳고 그름이라는 가치 판단을 명확하게 구분 짓는다. 이런 구분에는 언제나 합리성이라는 기준이 있다.

그는 다수를 다수라고 인정하고, 그들의 생각이 합리적인지를 따져 묻는 방식으로 말한다. 그가 무작정 소수의 편에 서서 말했다면 사람들은 고마웠을지언정 통쾌하다고 말하지는 않았을 것이다. 그러나 다수가 주도하는 현실을 명확하게 인정하고, 대신 합리성이라는 사회적 의무를 요구한다. 그래서 현실을 살아가고 있는 우리는 통쾌함을 느낀다. 손석희가 말하는 법의 통쾌함은 이렇게 완성된다.

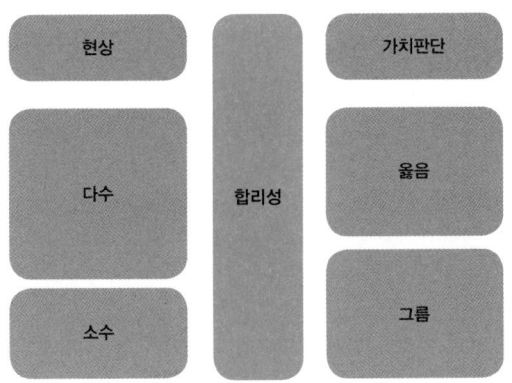

토머스 제퍼슨이 민주주의를 말하는 법

"민주주의 사회에서는 다수결의 원칙에 따라야 한다"라는 말을 자주 듣는다. 마치 '민주주의=다수결'인 것 같다. 국가와 국가가 맺는 국제 협정에 대한 비준안까지 국회에서 다수당 의원들만 불시에 모여 날치기로 통과시킨다. 그러나 이것은 우리가 그토록 갈망해온 민주사회의 모습이 아니다.

민주주의의 의미에 관해서 미국 독립선언문을 기초했던 제퍼슨은 제3대 대통령으로 취임하면서 취임 연설에서 이렇게 말한다.

> 선거권을 철저히 보호하고 공화제의 핵심인 다수결 원칙을 절대적으로 인정해야 합니다. 이 원칙을 어기려면 무력에 호소할 수밖에 없는데 이는 곧 전제주의의 본질이자 출발점입니다.
>
> 그러나 여기에 우리가 다 함께 명심해야 할 원칙이 있습니다. 언제나 다수의 뜻대로 움직일지라도 그것이 올바른 결정이려면 합리적이어야 하고, 소수의 의견도 동등한 권리가 있기에 평등하게 법의 보호를 받아야 합니다. 이를 어긴다면 그것이 곧 탄압입니다.

토머스 제퍼슨(1743~1826)

우리는 제퍼슨이 민주주의를 말하는 법에서 또다시 손석희가 말하는 방식을 발견할 수 있다. 그것은 맹목적으로 다수를 따라가는 것이 아니라, 다수에게 그들의 생각이 합리적인지 묻는 것이다. 다수와 다르게 생각하고 행동하는 소수에게 다수와 같아지도록 바꾸어야 한다고 말하기 전에, 그들도 다수에게 적용되는 기준으로 보호를 받고 있는지, 스스로에게 묻는 것이다.

다수라고 꼭 옳다고 할 수는 없다. 다수에게는 합당한 지위를 인정하되, 그들의 생각이 합리적인지를 따져 물어야 한다. 그렇게 묻는 사람이 없다면, 그 사회의 생각은 영원히 다수의 생각일 뿐

옳은 생각이 될 수 없다. 다수의 생각이 합리적인지 묻는 소수의 입을 틀어막는 것을 인류는 탄압이라고 부른다. 이러한 인간 이성의 힘이 없었다면, 우리는 아직도 태양이 지구 주위를 돈다고 믿고 있을 것이다. 히틀러도 다수결의 원칙에 따라 정권을 장악했고, 미국 의회는 베트남 참전을 88 대 2의 다수결로 승인했다.

다수를 인정하고 소수를 기억한다

2005년 1월 8일 〈시선집중〉에서 손석희는 유명한 말을 남긴다.

> 전 지도층이라는 말을 쓰지 않습니다. 민주 사회에서 지도층은 없으니까요.

작품은 기술이 만들지만 걸작은 철학이 만든다는 말이 있다. 손석희가 말하는 법은 우리 사회의 걸작이다. 우리 시대가 선물 받은 소중한 자산이다. 손석희가 말하는 법이라는 걸작은 단순한 말하기 기교나 화술에서 나오지 않는다. 이는 손석희의 삶에 촘촘히 배어 있는 그의 철학에서부터 출발한다. 혹자는 손석희의 말을 듣고 있으면, 하늘을 나는 매가 땅에 있는 먹잇감을 향해 직선으로 내리꽂는 장면이 생각난다고 말한다. 이러한 곧은 화법은 사회를 바라보는 그의 곧은 시선에서 출발한다.

그러나 손석희는 자신의 철학을 관념 속에 묻어두지 않고, 상대방과 청취자를 분명히 이해시키는 커뮤니케이션 능력으로 현실화한다. 입을 다물고 자신의 지적 허영심과 우월감 속에 갇혀 사는 다수의 지식 계층과 이런 점에서 분명히 구분된다. 이를 위해 지도층이라는 말 한마디도 그냥 넘어가지 않고 다시 생각하고 따져보는 노력을 계속한다.

그의 이러한 노력을 통해 우리는 비로소 우리 사회의 삐뚤어진 사고틀을 인식하게 되는 선물을 얻는다. 단어 하나도 의미 없이 사용하지 않는 그의 철저한 노력의 산물이다. 지도층이라니? 누가 누구를 지도한다는 말인가? 그들이 우리에게 무엇을 가르친다는 말인가? 사회적인 힘을 가지고 있다는 의미에서 권력층이라고 할 수 있을지는 몰라도 지도층이라고는 할 수 없을 것이다.

이러한 생각의 틀은 우리 시대의 정치인 한 사람에게서 찾아볼 수 있다. 안철수 의원은 이렇게 말한다.

> 저는 모든 직원에게 존댓말을 씁니다. 회사에서 CEO는 제일 높은 사람이 아니라 단지 역할만 다른 사람입니다. 우리는 다

수평적인 사람입니다. 당신은 당신이 하는 일이 있고, 나는 대외적으로 회사를 대표해서 하는 일이 있는, 역할 분담만 다른 것이지 전혀 위에 있는 사람이 아니다. 그게 제가 가진 기본적인 생각입니다.

사람들은 우리나라에 손석희 같은 대통령이 있었으면 좋겠다고 말한다. 지난 10년간 선거철이 되면 정치인들은 손석희를 항상 영입 1순위에 올려놓았다. 정작 손석희 자신은 매번 그럴 의사가 없다고 명확하게 밝히는데도 정치인들의 구애는 아직도 계속되고 있다.

그러나 그에 대한 구애에 매달리는 정치인들은 정작 왜 손석희가 국민들이 바라는 정치인의 표상이 되었는지에 대해서는 깊게 생각하지 않는다. 손석희에게서 무엇을 배워야 하는지는 고민하지 않는다. 국민들이 왜 기존 정치인보다 손석희를 우리나라 정치지도자로 적합하다고 느끼는지 따져보지 않는다. 다수를 인정할 줄 아는 능력, 더불어 소수를 잊지 않는 능력, 손석희는 그런 방식으로 말한다.

손석희의 말이 통쾌하게 들리는 이유는 다수가 주도하는 현실을 인정하되 그들에게 합리성이라는 이성적 검증의 터널을 통과

하라고 요구하기 때문이다.

▶ **손석희가 말하는 법 제4법칙**

다수를 인정해주라.
그들에게 합리성을 물어라.

7장

논리의 벼랑 끝에 세우고 돌아선다

우리는 이렇게 말한다

지금 소고기에는 문화적 다양성의 잣대를
적용하는데, 왜 개고기에는 그러지
않느냐고 했잖아요? 당신은 도대체
문화적 다양성을 인정하는 것입니까,
안 하는 것입니까?

손석희는 이렇게 말한다

알겠습니다. 이 문제로 더 얘기하는 것은
무의미해 보입니다.

칼을 거두어 예리함을 완성한다

손석희의 말은 예리하다. 상대방은 자신의 잘못과 오류를 숨기고 부인하기 위해 이리저리 피해 다니지만, 손석희는 먹이를 찾아내는 매의 눈빛으로 상대방의 약점을 정확하게 포착한다. 우리는 상대방이 막연히 비난받아야 할 사람이라고 느끼면서도 정확하게 근거를 얻어내지 못하지만, 손석희의 말을 듣고 있으면 "그래 저거야!" 하고 느끼게 된다.

그런데 생각해보면 이상한 점이 있다. 다른 사람과 대화할 때와 마찬가지로 손석희와 대화하는 이들 중 누구 하나 "손석희 씨의 말씀을 듣고 보니 제가 이런 점에서 참 잘못했네요"라고 말하는 사람은 없다. 오히려 권력층일수록, 낯 뜨거운 뻔뻔스러움으로 무장하고 말을 돌리고 논점을 회피하는 데 능하다. 그럼에도 불구하고 청취자들은 대화가 끝나는 순간, 누가 왜 비난받아야 하는지 정확하게 알 수 있다.

손석희가 말하는 법은 어떻게 이렇게 기능할까? 물론 여기에는 논리적인 치밀함과 철저한 준비의 힘이 크다. 그러나 이러한 예리함은 마지막 순간에 칼을 거두고 돌아서는 그의 화법에 의해 극대화된다.

이는 마치 적을 무너트리고 턱 밑에 칼을 대어 적이 죽음을 기다리는 순간에 칼을 거두어들이는 무사의 모습과 같다. 무림 고수는 그 순간 칼을 휘두르는 게 아니라 거둠으로써 완벽한 승리를 거둔다.

수많은 영화들을 떠올려보자. 마지막 순간에 승자가 칼을 휘두르면 패자는 용케 칼을 피해 도망가서 복수의 칼을 갈고 돌아온다. 설사 패자의 목을 베더라도 패자의 친구, 패자의 아들이 어디선가 이를 지켜보다 달아나 복수의 화신이 되어 돌아온다. 그러나 승자가 쓰러진 패자의 턱 밑에 댄 칼을 거두는 순간, 패자는 완전히 패배하고 만다. 더 이상 위기 모면이라는 행운도 기대할 수 없고, 누군가 대신 복수해주리라는 극적 반전도 사라진다.

고수는 마지막 순간에 칼을 거둠으로써 승리를 완성하고, 거두어들인 칼날은 휘두르는 칼날보다 더 극명하게 누가 승자이고 누가 패자인지를 드러낸다.

설득은 없다

우리는 논쟁에서 상대방을 설득하려 애쓴다. 논리적으로 상대방을 굴복시키고 상대방의 항복을 받아내려고 덤벼든다. 청문회, 국정감사, 후보 토론회 등에서 말하는 정치인들에게서 이런 모습을 더욱 자세히 볼 수 있다. 그리 새로울 것 없는 이야기들을 늘어놓다가 상대방이 이리저리 이유를 대면 벌개진 얼굴로 "증인, 인정하세요!"라고 소리 지른다. 심지어는 "증인, 그렇다고 하세요"라고 소리 지르는 경우도 있다. 초등학교 때 친구들과 말싸움하는 우리들의 모습과 크게 다르지 않다. 인정이란 스스로 그렇다고 여기는 것을 말한다. 풀어보면 '인정하세요'는 '스스로 그렇다고 여기세요'라는 모순어법이다. 대화가 통하지 않는 우리 사회의 모순들은 이러한 모순어법에서부터 출발한다.

그런데 이 과정에서 한 가지 생각하지 못한 것이 있다. 우리는 상대방을 설득하려고 애쓰지만, 반대로 상대방에게 설득당하고 싶어 하는 사람은 없다는 점이다. 대화 중에 우리는 "나는 수긍이 안 되니 나를 설득해보세요"라고 말하는 경우가 있다. 하지만 이건 우리의 말과 생각일 뿐이고, 마음은 이미 '네가 뭐라고 말해도 나는 설득되지 않겠다'라고 다짐하고 있다. 나는 설득하려고 애쓰지만 상대방은 설득당하지 않으려고 나보다 더 애쓴다.

고로 설득은 없다.

흔히 논리를 설득의 도구라고 오해한다. 그래서 상대방을 내 뜻대로 설득할 수 있으리라 기대하고 논리적으로 말하는 법을 익히려 애쓴다. 그러나 논리적으로 말하는 법을 배우기 위해 많은 노력을 기울인 후에도 현실의 상대방은 좀처럼 설득되지 않는다. 심지어는 누구보다 이해관계를 같이하는 배우자조차 설득하지 못한다.

이쯤 되면 현실에서는 논리고 뭐고 다 필요 없고 힘센 사람이 최고라는 결론에 이른다. 결국 사회적, 경제적 힘을 얻는 데 모든 노력을 집중한다. 이런 사람들이 하나둘 모이면 대화가 없는 사회, 토론이 없는 사회, 타협이 없는 사회가 완성되어간다. 누가 옳은지 따져 말하는 것 같지만, 말은 통하지 않고 감정싸움만 생기고, 대화를 할수록 갈등은 더 깊어지기만 한다. 이성의 힘으로 결론을 찾아내지 못하니 결론은 항상 다수가, 힘센 사람이 옳은 것으로 귀결된다. '이성의 야만 시대'가 도래하는 것이다.

사전을 보면, 논리는 설득의 도구가 아니라 사람들이 이해하고 수긍하는 생각의 이치를 일컫는 말이다. 어떤 문제에 대해 상대방이 아직 입장을 확고하게 정하지 못하고 있을 때, 상대방이 나의 생각을 더 쉽게 이해하고 수긍할 수 있게 하는 것이 논리다. 여기서 상대방은 자신과 대화를 나누고 있는 당사자일 수도 있고, 그 대화를 듣고 있는 제3자일 수도 있다.

손석희가 바르도와의 인터뷰에서 기대한 점을 생각해보자. "손석희 씨 말씀을 듣고 보니, 제가 그동안 잘못 생각하고 행동했네요"라고 말하리라 기대했을까? 그녀가 설득당하고 자신의 오류를 인정하리라 기대했을까? 그렇지 않다. 바르도는 이미 한국의 개고기 문화에 대한 혐오와 한국인에 대한 적개심으로 똘똘 뭉친 사람이다. 입장을 이미 정한 사람이다. 손석희가 뭐라고 말하든 설득당하지 않는다.

손석희는 왜 이런 사람과 대화하면서 논리적으로 상대의 오류를 지적할까? 이 대화에 참가하는 사람들 중에 아직 자신의 입장을 정하지 않은 사람이 있다. 동물애호주의 관점에서 개고기 먹는 것에 반대할지, 개고기 식용 문화가 지켜야 할 문화인지 여부와 관계없이 접근 방법의 편파성, 차별성, 과장성을 비판적으로 바라볼지, 나름의 생각은 있지만 아직 자신의 입장을 명확하게 정하지 않은 사람이 있다.

손석희의 논리는 이성적인 말이 통하지 않는 바르도를 위한 게 아니라, 말이 통하는 청취자를 위한 것이다. 이미 자기 생각의 문안으로 들어가, 그것이 옳든 그르든 열쇠를 걸어 잠근 바르도를 위한 노력이 아니다. 무엇이 옳은지 이해하려 하고 옳은 것을 수긍할 의지와 능력이 있는 청취자를 위한 노력이다. 손석희의 말은 외형적으로 바르도를 향하고 있지만, 말 속에 들어 있는 논리의 힘은 청취자들을 향하고 있다.

우리는 상대방이 아직 자신의 입장을 정하지 않은 동안에는 생각나는 대로 말한다. 내 생각을 논리의 틀에 맞춰 상대방에게 전달하려는 노력을 하지 않는다. 그리고 상대방이 입장을 명확하게 정하고 나면, 그제야 상대방의 입장을 바꿔보겠다고 논리적으로 따지고 든다. 상대방을 설득하려 든다.

손석희는 반대다. 아직 자신의 입장을 명확하게 정하지 않은 청취자들을 향해서는 바르도 식 접근 방법이 어떤 점에서 문제가 있는지 철저히 검증해 나간다. 이를 통해 청취자들이 문제들을 이해하고 수긍할 수 있도록 한다. 그러나 바르도가 이미 자신의 생각의 틀 안에 갇혀 있다는 사실이 확인되는 순간, 손석희는 그녀를 설득하려 애쓰지 않는다.

바르도는 그간의 대화에서 이미 손석희에게 논리적으로 철저히 밀렸다. 청취자들은 이 짧은 대화를 통해 이미 그녀가 논리의 벼랑 끝에 서 있음을 알 수 있다. 그러나 손석희는 그녀를 벼랑 밑으로 밀어버리지 않는다. 말이 앞뒤가 안 맞지 않느냐? 그래서 문화적 상대성을 인정한다는 것이냐 안 한다는 것이냐? 이렇게 따져 밀지 않는다. 그녀를 논리의 벼랑 끝에 세워두고, 마지막 순간에 돌아선다. "알겠습니다. 이 문제로 더 얘기하는 것은 무의미해 보입니다"라고 마무리 짓는다. 논리의 고수는 이렇게 결정적 순간에 칼날을 거둔다.

우리는 상대방이 반대편에 서 있으면 멀리 보이는 벼랑 아래로 밀어 떨어뜨리려고 무작정 덤벼든다. 우리가 미는 힘의 크기만큼 상대방도 반대 방향으로 사력을 다해 밀어온다. 서로 밀고 밀리는 행위를 반복하다 둘 다 지칠 때쯤 아무런 성과도 결론도 없이 논쟁은 끝난다. 보고 있는 사람들은 저런 논쟁을 왜 할까, 라는 의문만을 품게 된다.

손석희의 화법은 다르다. 논리적으로 상대방에게 한 걸음 다가간다. 상대방은 한 걸음 뒤로 물러난다. 그는 다시 논리의 한 발을 내딛는다. 상대방은 한 발 더 뒤로 물러난다. 상대방이 벼랑 끝에 섰을 때, 그는 논리의 칼을 거두고 물러선다. 상대방은 그제야 자신이 선 자리를 돌아보고 이미 자신이 벼랑 끝까지 밀렸음을 깨닫게 된다. 보고 있는 사람들은 누가 승자고 패자인지 말해주지 않아도 알 수 있다.

청문회 스타, 노무현의 말하기

1988년 11월, 우리나라 제13대 국회는 '제5공화국에 있어서의 정치권력형 비리조사 특별위원회'라는 긴 이름의 5공 청문회를 열고 이 과정을 전국에 생중계했다. 노무현 전 대통령은 이 청문회를 통해 자신의 이름을 국민들에게 널리 알린다. 우리나라 역사상 최초로 한 시대의 부패한 권력자들을 증인대에 세우고 그들의 과오를 밝혀낼 순간을 맞이하며 국민들은 기대에 부풀었다. 그러나 증인들은 잘 모르겠다, 기억이 나지 않는다, 답변할 수 없다 등으로 일관했고, 국회의원들은 조사하면 다 나온다, 거짓말하지 마라, 위증죄로 고발하겠다를 반복했다. 목소리 크기만 달랐을 뿐이다.

1988년 11월 9일, 노무현 당시 통일민주당 초선 의원은 유찬우 풍산금속 회장에 대한 질문자로 나선다. 풍산금속은 많은 산업재해와 대량 해고로 1980년대 우리나라 노동운동에서 관심이 집중되었던 사업장이다. 경찰은 풍산금속 해고자들의 농성을 무력으로 진압했다. 이 청문회에서는 유찬우가 전두환에게 준 회사 공금 10억 원이 뇌물이냐, 전두환의 아호를 단 일해재단에 준 선의의 기부냐가 쟁점이었다.

유찬우는 청문회에 출석한 다른 기업인 증인들과 마찬가지로, 자신이 전두환에게, 또 관련 재단에 기부를 한 것은 맞지만 어떠한 이익을 바라거나 그러한 이익을 받은 사실은 전혀 없다고 답한다. 당시 전두환 전 대통령이 퇴임 후 일해재단에서 외교안보 연구를 통해 국가 발전에 이바지해달라는 취지에서 준 것이라고 답한다.

노무현은 이에 대해서 풍산금속이 당시 재계 서열 50위에도 들지 못한 기업이었다는 사실, 1988년에는 공장에서 일하다 폭발 사고로 사망한 직원의 유족들이 요청한 8천만 원을 못 주겠다고 해 2주 이상 장례식도 치르지 못했던 사실, 반면 '절대 권력을 가지고 있는 권부에는 5년 동안에 34억 5천만 원이라는 돈을 널름 갖다' 준 사실, 유독 전두환에게 직접 건네주었다는 10억 원에 대해서는 다른 돈과 달리 영수증도 받지 않고 비용 처리도 하지 않은 사실, 유찬우가 전두환의 모교인 대구공고의 선배이자 동창회장인 사실, 풍산금속이 전두환 정권 시절 육군 조병창을 인수해 숙련된 노동자들을 그대로 넘겨받은 사실, 이러한 조병창 인수는 공개 입찰도 없이 수의계약으로 이루어진 사실들을 차례로 지적하고 이들 사실에 대한 유찬우의 확인을 받아낸다.

궁지에 몰린 유찬우가 말을 더듬고 "다른 저거는……", "그래서 내가 사전에……, 그래서 단임제를……" 하며 횡설수설 동문서답을 한다. 노무현은 이 시점에서 다른 국회의원들과 달리 증인에게 사실대로 말하라고 소리 지르지 않는다. 노무현은 이렇게 말한다.

증인의 표정이 특별히 긴장되는 것을 모두 보고 있다고 생각되는데, 좋습니다. 그 정도 물어두겠습니다. 본인의 기술로서는 더 그 부분을 증인 입으로 일해재단에 기금으로 준 것이 아니라는 진실을 받아낼 수가 없어서 그 부분에 관한 본 위원의 질문은 일단 여기서 마치겠습니다.

_ 제5공화국 정치권력형 비리조사 특별위원회 회의록 제15호

그 순간 청문회를 지켜보던 모든 사람은 유찬우가 건넨 돈이 전두환에 대한 뇌물이었음을 명확하게 알 수 있었다. 이제 사람들은 유찬우의 자백을 듣기 위해 애쓸 필요가 없다. 무엇이 진실인지 이미 알아버렸기 때문이다. 노무현은 치밀한 논리로 유찬우를 벼랑 끝으로 몰아놓고 칼을 거두어버렸다. 이제 유찬우는 노무현과 육탄전이라도 벌여서 진실이 그려진 모래사장을 덮어버리고 싶지만, 노무현은 이미 링 밖으로 나가버렸다.

버락 오바마가 승리를 완성하는 방법

2008년 8월 28일, 오바마는 민주당 후보 지명 수락 연설에서 대선 상대 후보인 공화당 존 매케인 상원의원을 날카롭게 비난한다.

존 매케인은 조지 부시의 정책 중 90퍼센트를 찬성했습니다.

매케인 상원의원은 판단력에 대해서 말하기를 좋아하는데, 이런 그의 판단에 대해서는 어떻게 말해야 할까요? 저는 고작 10퍼센트뿐인 변화의 기회를 선택할 준비는 되어 있지 않습니다.

저는 매케인 상원의원이 미국인의 삶에서 무슨 일이 일어나는지 관심이 없다고 믿지는 않습니다. 단지 그가 모르고 있다고 생각합니다. 그렇지 않다면 어떻게 대기업과 정유회사에 대해 몇 천억 달러의 세금 감면을 약속하면서도, 1억 명 이상의 미국인들에게는 단 1센트의 세금 경감도 약속하지 않았단 말입니까?

그는 신뢰하지 못할 공화당의 낡은 철학에 20년 넘게 동의했습니다. 그들의 철학은 최상위 계층에게 더 많은 것을 주면 그것이 다른 모든 이들에게로 확산될 거라고 희망하는 것입니다. 워싱턴에서 그들은 이러한 철학을 '소유권 사회'라고 부르지만, 이 말의 진정한 뜻은 다음과 같습니다. '당신이 알아서 살아. 실직했다고? 운이 나빠서일 뿐이야.' '의료보험 혜택을 못 받는다고? 시장에서 알아서 고쳐나가겠지.' '가난하게 태어났다고? 본인 노력으로 성공해봐. 땡전 한 푼 없다고 해도 말이야. 당신네들이 알아서 살아봐.'

그리고 두 달 후, 그는 인종적 열세, 조직과 자금의 열세를 이겨내고 미국 대통령 선거에서 매케인 상원의원을 누르는 정치적 기적을 거둔다. 그는 승리를 확인하는 취임 연설에서 패자인 매케인과 그를 지지한 미국민들을 위해 연설의 상당 부분을 할애한다. 그의 연설을 살펴보자.

저는 지금 존 매케인 상원의원으로부터 축하 전화를 받았습니다. 그는 이번 선거운동에서 오랫동안, 그리고 열정적으로 싸웠습니다. 그리고 그가 사랑하는 조국을 위해서 훨씬 더 오랫동안, 그리고 힘을 다해 싸웠습니다. 그는 미국을 위해서 우리가 상상하기 힘들 정도의 희생을 해왔습니다. 이 용감하고 사심 없는 지도자의 봉사 덕분에 우리는 더 나은 삶을 살고 있습니다.
저는 매케인과 페일린 주지사가 이룩한 업적들에 대해 축하하고 싶습니다. 저는 앞으로 이 나라의 희망을 다시 새롭게 만들기 위해서, 그들과 함께 일하기를 기대합니다.
앞으로 실패하거나 첫걸음을 잘못 뗄 수도 있을 것입니다. 대통령인 제가 만드는 모든 정책이나 결정들에 동의하지 않는 사람들도 많을 것입니다. 우리는 정부가 모든 문제를 해결할 수 없다는 것을 압니다. 하지만 우리가 만날 도전들에 대해서 저는 항상 여러분들에게 정직하게 대할 것입니다. 저는 여러분의 말에 귀를 기울일 것입니다. 특히 우리가 서로 의견이 맞지 않을 때 귀를 기울일 것입니다.

그리고 제가 아직 지지를 얻지 못한 미국인들에게, 오늘 밤 저는 당신들의 표를 얻지는 못했을 것입니다. 하지만 저는 여러분들의 목소리를 듣겠습니다. 저는 여러분의 도움이 필요합니다. 그리고 저 또한 여러분의 대통령이 되겠습니다.

누구보다 험난한 인생과 선거 과정을 거쳐 승리를 거머쥔 순간, 그는 "내가 이겼다!"라고 외치지 않는다. "존 매케인과 공화당에 대한 국민의 엄중한 심판이 확인되었다!"라고 외치지 않는다. 우리나라 정치인들처럼 자신의 승리는 국민의 승리라고 말하지 않는다. 자신을 선택하지 않은 국민은 국민이 아니라는 말인가, 패자라는 말인가?

오바마는 새로운 미국 대통령의 자리를 눈앞에 두고 거침없이 달려오다가 예상치 못한 패배를 당한 상대방을 기억한다. 무대 뒤로 초라하게 숨어버린 상대방을 자신이 승리를 거둔 무대 가운데에 세운다. 상대방에게 조명을 비추고, 상대방을 지지했던 국민들이 승리한 자신을 돕게 만든다. 오바마는 그렇게 자신의 승리를 완성하고, 미국은 그가 승자임을 더욱 확실히 인식한다.

싸우지 않고, 논리의 예리함으로 진실을 들추다

일상생활에서의 논쟁은 아무리 사소한 문제에서도 쉽게 결론이 나지 않고 싸움만 나기 일쑤다. 그러나 손석희의 경우 이해관계가 훨씬 더 첨예하게 대립하는 주제를 다루면서도, 싸움 대신 명확한 결론을 이끌어낸다.

2004년 4월 9일, 손석희는 〈시선집중〉에서 박근혜 당시 한나라당 대표와 인터뷰를 한다.

손석희: 그러면 한나라당이 경제를 잘 이끌 수 있다는 주장의 근거는 어디 있는지요?

박근혜: 여당이 못한다면 야당이라도 나서서 해야 되지 않습니까?

손석희: 단지 그 이유뿐입니까? 어떤 근거는 가지고 있으실 텐데요. 한나라당이 경제를 잘 이끌어갈 수 있다는 어떤 근거는 있으실 텐데요.

박근혜: 저희가 쭉 경제에 대해서 많은 정책도 내놓고 그랬는데, 사실은 지금 여러 가지 정국에 휩싸여서 그런 게 제대로 알려지지 않고 발의되지 못하고

있습니다.

손석희: 지금 말씀하신 규제 타파라든가 일자리 창출 문제라든가 중소기업 육성이라든가, 이런 문제들은 어느 정권이든 다 해온 얘기들 아닌가요?

박근혜: 예, 여태까지 좋은 얘기는 다 나왔는데 실천을 하느냐 안 하느냐의 문제입니다.

손석희: 그러면 이렇게 여쭙도록 하죠. 이런 우려를 하는 분들도 있습니다. 그러니까 한나라당의 전신인 신한국당이 여당일 때, 야당이 아닐 때고요, 여당일 때 그것도 거대 여당의 위치에 있을 때 환란이 빚어진 건 그럼 어떻게 설명하겠는가. 이런 얘기도 나오는데 어떻게 말씀하시겠습니까?

박근혜: 또 한쪽만의 책임도 아니죠. 그때 여러 가지 법안 통과 문제라든가 이런 걸 볼 때, 그리고 또 한나라당은 새롭게 거듭나는 정당으로 모든 당력을 국민의 생활의 고통을 최소화하고 국민의 먹고사는 문제를 꼼꼼히 챙기는 그런 정당으로 거듭나고 있습니다. 또 앞으로 그렇게 할 거구요.

손석희: 과거보다는 미래에 대한 약속을 하시겠다, 그런 말씀이시군요?

박근혜: 예.

손석희: 그런데 유권자들의 판단은 과거를 보고 하는 판단일 텐데요?

박근혜: 저하고 싸움하시는 거예요?

손석희: 그렇진 않습니다. 질문을 바꿔보겠습니다.

이 대화에서 박근혜 당시 한나라당 대표는 노무현 정부의 실정으로 경제 상황이 악화되었고, 한나라당이 과반수 의석을 차지하면 경제를 잘 이끌어갈 수 있다는 주장을 반복한다. 그러나 왜 당시 여당인 열린우리당은 잘 못했지만 한나라당은 잘할 수 있다고 믿는지에 대해서는 아무런 논거도 사실도 제시하지 못한다. 박근혜 대표는 점점 궁지에 몰린다. 처음부터 "앞으로 한나라당은 잘할 수 있다"라는 주장만 가지고 나온 것이다.

벼랑 끝으로 밀린 박근혜 대표는 "저하고 싸움하시는 거예요?" 하는 신경질적인 반응을 보인다. 논쟁에서 신경질은 흥분이나 분노와 같이 패자가 보이는 전형적인 특성이다. 논리싸움에서 마지막까지 밀린 것이다. 그러나 손석희는 여기서 박근혜를 벼랑 밑으로 밀지 않는다. "지금 아무런 논거도 없이 막연히 한나라당은 앞으로 잘할 수 있다는 말만 하고 계시잖아요!" 하고 추궁하지 않는다. 손석희는 이렇게 말한다.

그렇진 않습니다. 질문을 바꿔보겠습니다.

2005년 일본 시마네 현 의회는 2월 22일을 이른바 '다케시마의 날'로 선포한다. 2월 25일, 손석희는 다케시마의 날 제정을 추진하는 시마네 현 의원 모임 간사 조다이 요시로 의원과 독도 분쟁에 관해 이야기한다.

상대방은 독도가 역사적으로 일본 시마네 현 오키 섬에 속해 있는 일본 고유의 영토이며, 이것은 국제법상으로도 인정되는 사실임을 확신한다고 말한다. 덧붙여 국제법상으로 자기 영토라고 말하기 위해서는 긴 세월 동안 독도를 이용해온 '역사적 사실'이 있어야 하는데, 이 점에서 독도가 일본 영토라고 할 수 있는 조건을 충족하고 있다고 주장한다.

손석희: 긴 세월을 이용했다고 하는데 언제부터 이용했다는 건지요?

조다이: 에도시대 초기인 1600년경부터 이용해왔습니다.

손석희: 1600년경부터 어떻게 독도를 이용했다는 건지요?

조다이: 오오타니나 무라카와라는 일본 국민이 독도에서 전복이나 물개를 잡았다는 기록이 있습니다.

손석희: 그럼 이쪽에서 역사적 사실을 다시 한 번 말씀 드리죠. 아까 1600년대라고 말씀하셨는데, 여기에서는 이미 신라시대인 512년에 우리 영토로 기록이 돼 있습니다. [...] 거기에 대해서는 어떻게 생각하십니까?

조다이: 역사적인 논쟁을 하자면 끝이 없습니다. 한국이나 일본이나 각기 자기 주장만 하지 않습니까? 당신의 요지는 6세기에 신라라는 나라가 독도를 직접 다스렸다는 겁니까?

손석희: 신라 영토로 기록돼 있었다는 것은, 다시 말해서 영토로 운영했다는 것으로 받아들여야 되겠죠, 당연히. 그러니까 전혀 영토라는 개념이 없는 상황에서 어떻게 영토라고 기록을 할 수 있는 것인가, 그러면 거꾸로 되짚어 여쭤본다면 일본의 어느 기록에서 서기 500년대에 독도를 일본 영토로 기록한 기록이 있습니까?

조다이: 중요한 건 독도가 근대 국가에 국제법상 영토로서 한국의 영토가 될 조건들을 충족하고 있는가 하는 것입니다. 제일 좋은 방법은 이겁니다. 한국-일본 간에 우호조약을 맺은 지 40주년이 됐는데, 이 한

일우호조약이 맺어졌을 당시 양국이 교환한 국문서를 보면 됩니다.

〔…〕

손석희: 역사 문제는 조다이 의원이 먼저 제기했기 때문에, 또 일본 쪽에서 독도 문제를 거론할 때 늘 역사적인 문제를 거론했기 때문에 제가 대응 차원에서 말씀 드렸던 것인데, 그 부분에 대해서 논쟁을 피하시겠다면 저희로서는 더 논쟁할 생각은 없습니다.

손석희는 "당신이 조금 전 일본이 역사적으로 독도를 이용했기 때문에 독도가 일본 땅이라고 하지 않았느냐?"라고 따지지 않는다. "그래놓고서 왜 이제 와서 역사적인 사실은 중요한 것이 아니라고 말을 바꾸느냐?"라고 몰아붙이지 않는다. 손석희는 역사적으로 독도를 이용했느냐를 기준으로 판단해야 한다는 것은 당신의 주장이었다는 점만 지적하고 이렇게 말한다.

그 부분에 대해서 논쟁을 피하시겠다면 저희로서는 더 논쟁할 생각은 없습니다.

우리는 논쟁에서 상대방을 벼랑으로 밀어가고, 벼랑 끝이 보이면 벼랑 밑으로 떨어트리려 덤빈다. 상대방은 자신의 사회적 생존을 위해서 말바꾸기든, 인신공격이든, 감정적 공격이든, 가리지 않고 맞받아치고 덤벼든다. 논쟁은 감정싸움으로 흐르고, 논점은 흐려지고, 지켜보는 사람들의 판단력은 흐트러지고, 보일 듯했던 진실은 다시 가려진다.

손석희는 상대방과 감정싸움을 하지 않는다. 말도 안 되는 주장을 반복하는 상대방에게 적대감이 생기지 않아서가 아니다. 적대감이 오히려 진실을 가리기 때문에 통제하는 것이다. 싸움의 종료 직전까지 애써 진실을 가리고 있는 상대의 커튼을 논리의 칼날로 걷어낸다. 상대방이 말하고 있는 사실의 반대편에 놓인 사실들을 놓치지 않고 이야기한다. 그리고 더 이상 물러설 곳이 없어진 상대방이 싸우려고 덤벼들 때, 칼을 거둔다.

손석희가 말하는 법의 '예리함'은 이렇게 완성된다.

▶ **손석희가 말하는 법 제5법칙**

치열하게 논리적으로 반박하라.
그러나 마지막 순간에 항복을 요구하지 말고 돌아서라.

8장
상대방의 말로써
상대방의 오류를 보인다

우리는 이렇게 말한다

아무리 그래도 한국 사람들이 간식으로
개고기를 싸온다는 보도는
지나친 것 아닙니까?

손석희는 이렇게 말한다

남의 말을 이해하지 못하는 고집불통으로
희화화한다면 어떻겠습니까?

상대방의 말을 다시 활용하는 절묘함

손석희의 말을 듣고 있으면 절묘하다. 어떻게 그 시점에 그런 단어를 사용해서 상대방의 오류를 정확하게 보여주는지 감탄하게 된다. 이런 말로 인해 그의 대화에 힘이 실리고, 재미없어 외면당하던 시사 프로그램에 열혈 청취자들이 모여든다.

바르도는 한국인들이 개고기를 계속 먹는다면 한국인들을 앞으로도 희화화하고 우스꽝스럽게 만들 것이며, 이는 당연하다고 말한다. 손석희는 이 말을 그대로 받아 그렇다면 프랑스 사람들을 고집불통으로 희화화하는 것도 당연한 일이냐고 묻는다. 상대방이 한 말을 그대로 적용해 상대의 오류 지점에 정확하게 논리의 조명을 비춘다. 상대방은 이제 국민의 부분적인 성향을 과장해 희화화하는 것이 잘못이라고 말을 되돌리기 어렵다. 프랑스인이 한국인을 희화화하는 것은 당연하고, 한국인이 프랑스인을 희화화하는 것은 부당하다고 말할 수도 없다.

이에 대한 상대방의 대답은 "마음대로 하십시오"이다. 논쟁에서 이런 반응은 "나는 논리적인 대화가 안 되는 고집불통입니다"라고 말하는 항복 선언과 같다.

손석희는 상대방의 말을 바로 받아 이것을 재료로 다음 말을 이어가는 방식을 자주 쓴다. 이러한 화법이 논쟁에서 어떠한 역할을 하는지 살펴보자면, 언어의 추상성부터 생각할 수 있다. 앞에서도 이야기했듯이, 같은 단어를 쓰면 같은 생각을 할 것이라 오해하기 쉽지만, 사람들은 자신의 시각과 가치관, 신념에 따라 같은 단어에도 모두 다른 의미를 부여한다. 이는 하나의 단어가 하나의 '점'이 아니라 일정한 '면'의 의미를 갖기 때문이다. 그래서 똑같은 단어를 쓰더라도 실제로는 단어의 의미 범위 내에서 서로 다른 지점을 겨냥한다. 때로는 같은 단어의 넓은 의미 범위 내에서 자신의 이해관계에 따라 의도적으로 가장 유리한 지점에 섬으로써 그 거리를 더 멀게 만들기도 한다.

대화를 통해서 사람 사이의 문제를 해결하는 것이 결코 쉽지 않은 이유도, 서로 같은 단어를 쓰면서 다른 의미를 부여하기 때문이다. 선거철에 자주 듣는 단어가 있다. 바로 검증과 네거티브 전략이다. 모두들 검증은 괜찮지만 네거티브 전략은 안 된다고 말한다. 그러나 무엇이 검증이고 무엇이 네거티브인지에 대한 생각은 저마다 다르다. 무엇이 친서민 정책이고 무엇이 포퓰리즘인지에 대해서도 이해관계에 따라 다르게 생각한다.

사람들이 대화를 할 때는 언어의 의미가 가진 일정한 면적에서 상대방이 어느 지점에 서 있는지를 생각하기보다 내 머릿속에서 가늠하는 지점, 내가 느끼는 지점에 서서 상대방의 말을 해석한다. 그렇게 대화를 이어가다 보면 "그럼 그게 모두 내 잘못이라는 말이야?" "내가 언제 그렇게 말했어?" "그 말이 그 말이잖아!", 이런 식의 말싸움으로 번지고 서로 간의 거리는 좁혀지지 않는다.

그런데 이처럼 일정한 '면적'의 의미를 갖는 단어가 하나의 '점'으로 수렴되는 경우가 딱 하나 있다. 상대방이 지금 내뱉는 바로 그 단어다. 상대방이 대화의 문맥 중에 자기 나름대로 의미를 부여해 사용한 바로 그 단어 말이다.

'희화화'라는 말은 여러 경우에 여러 의미로 사용된다. 때로는 필요할 때도 있지만 이 때문에 비난받을 행동이 되는 경우도 있다. 희화화했다고 모두 잘못된 행동이라고 할 수 없고, 희화화가 언제나 정당한 것도 아니다. 그러나 바르도는 다른 나라 사람의 일부 성향을 과장해 우스꽝스럽게 만드는 일이라는 의미를 부여해 희화화라는 단어를 사용했다. 그리고 희화화에 대해 당연하다는 판단을 부여했다.

손석희는 바로 이 순간에 그 단어를 낚아챈다. 희화화라는 단어에 상대방이 부여하는 의미와 가치 판단이 명확해졌을 때, 그 단어를 그런 의미로 사용한다. 이제 상대방은 "제가 말한 희화화라는 말은 그런 의미가 아니고"라거나 "그러한 희화화는 문제가 있다"라고 피해갈 수 없다. 이처럼 손석희는 일정한 면적 안에서

떠도는 언어의 의미가 상대방의 말에 의해서 어느 지점에 멈춰 서는 순간, 그 단어를 정확하게 집어내 상대방이 한 말의 합리성을 검증한다. 각자 나름의 의미로 단어를 해석하던 청취자들은 그가 비추는 논리의 조명을 보고, 상대방의 말이 어느 지점에서 어떻게 잘못되었는지를 정확히 알아볼 수 있다.

손석희가 말하는 법의 절묘함은 이렇게 완성된다.

자신의 말을 자신이 듣게 한다

말하는 법에 대한 교육을 하다 보면, 말이 너무 빨라서 상대방이 알아듣지 못하는 문제를 가진 사람들을 만난다. 그러나 정작 그들은 자신이 너무 빨리 말한다고 생각하지 않는다. 이러한 사람들에게 자신의 문제점을 알려줄 수 있는 가장 좋은 방법은 그 사람의 말을 녹음해서 스스로 들어보게 하는 것이다.

손석희는 이러한 방식을 말하기에서 사용한다. 상대방으로 하여금 자신의 말을 들어보도록 하여 스스로 논리적 오류를 확인하도록 한다. 이를 위해 상대방이 사용한 단어를 그대로 받아서 다른 상황에 적용해 들려준다.

2011년 손석희의 말로 언론에 자주 오르내린 말 중에 "저는 영희가 아니라서요"라는 말이 있다. 9월 5일 서울특별시장 보궐선거를 앞두고 안철수의 출마설이 유력해지던 상황이었다.

> 홍준표: 혹시 우리 손석희 교수는 출마할 생각 없으세요? 정말 생각이 있으면 한나라당에서 모시겠습니다.
> 손석희: 저는 영희가 아니라서요.

이 말은 시사 프로그램에서 웃음을 준 재치있는 대답으로 이해되었다. 그러나 이 대화의 '영희'는 손석희의 말이 아니다. 인터뷰 3일 전 홍준표 당시 한나라당 대표는 안철수의 출마설 이후 여론조사에서 안철수가 50퍼센트를 넘는 압도적인 지지를 받아 한나라당이 열세에 몰리자, 이를 후보 난립이라고 평가하고 철수가 나왔으니 이제 영희도 나오겠다, 라고 비꼬았다.

하지만 3일 후 이 대화에서 홍준표는 손석희에게 한나라당 서울시장 후보를 제의한다. 반대 진영 비정치인이 유력 후보로 떠오르자 이를 후보 난립이라고 비난하면서, 한나라당 자신들도 비정치인인 손석희를 후보로 내세우고 싶어 하는 이율배반적인 모습을 보인다. 손석희는 이 순간을 놓치지 않고 홍준표가 사용했던 '영희'라는 단어를 홍준표에게 다시 들려준다. 안철수 교수가 왜 서울시장 후보로 나올 생각을 할 수밖에 없었는지, 국민들 대다수는 왜 그러한 안철수를 열렬히 지지하는지에 대한 진지한 성찰 없이, 자신의 유불리에 따라 '철수와 영희'로 매도했던 홍준표의 모순에 조명을 비춘다.

2011년에 언론에 자주 오르내린 손석희의 또 다른 말 중에 "저 박사 아닙니다"라는 말이 있다. 10월 20일, 홍준표와의 〈시선집중〉 인터뷰를 살펴보자.

홍준표: 허허, 참나. 어이고 손 박사 왜 웃어요, 아침에. 나도 좀 어이가 없어가지고 웃음 나오구만.
손석희: 저 박사 아닙니다.
홍준표: 예, 예.
손석희: 요즘은 제가 이렇게 그냥 넘어가면 나중에 학력 위조로 걸릴 가능성이 있기 때문에 바로 바로 수정하겠습니다.
홍준표: 예, 예. 알겠습니다.

이 말 역시 손석희의 유머 감각으로 언론에 소개되었지만, 그보다는 더 많은 의미를 함축하고 있다. 이 점은 같은 단어에 대한 손석희의 이전 반응과 비교해보면 알 수 있다. 사실 홍준표는 줄곧 손석희를 손 박사라고 불러왔다. 3개월 전인 2011년 7월 6일, 홍준표의 직전 인터뷰에서도 마찬가지다. 그러나 그때 손석희는 홍준표가 말하는 박사라는 호칭을 걸고 넘어가지 않았다.

> 홍준표: 손 박사는 지금 일 안 되는 걸 전제로 어떻게 일을 합니까?
> 손석희: 아닙니다. 왜냐하면 여태까지 그런 모습들을 좀 보여왔기 때문에, 그래서 드린 질문이었습니다.

2011년 10월, 한나라당은 서울시장 보궐선거를 앞두고 네거티브 선거가 아닌 후보 개인의 정책 대결이 되어야 한다고 강조했다. 보궐선거 자체가 오세훈 전 서울시장의 사임으로 인해서 벌어진 것이기에, 네거티브 선거로 흐를 경우 한나라당에 대한 심판론이 득세해 한나라당 후보에게 불리해질 수밖에 없는 상황이었다.

그러나 예상 외로 박원순 희망제작소 상임이사라는 후보가 등장하고, 이에 안철수가 지지 의사를 표시하면서 박원순 후보와 나경원 한나라당 후보의 여론조사 지지율 차이가 크게 벌어진다. 한나라당은 입장을 바꿔서 박원순 후보의 병역이나 학력에 관한 네거티브 공세를 대대적으로 펼친다. 박원순 후보가 그간 책을 출간

하면서 출판사에서 부정확하게 기재한 학력을 바로잡지 않았다는 점을 문제 삼았다. 이 대화는 바로 이 시점에서 나온다.

홍준표가 아무 뜻 없이 던진 손 박사라는 말을 일부러 강조해 거듭 부정하고 수정함으로써, 자신의 유불리에 따라 학력 네거티브 전략에 몰두하고 있는 한나라당 자신들의 모습을 다시 바라보게 한다.

좀더 과거의 예로 가보자. 2003년 11월 7일, 강금실 전 법무부장관은 노무현 대통령 측근 비리 특별 검사법 처리를 위해 열린 국회 법제사법위원회 회의에서 의원들 간의 설전이 난무하는 모습을 지켜보다가 "코미디야 코미디"라고 하며 웃음을 참지 못한다. 3년 뒤인 2006년 4월 5일, 강금실은 서울시장 출마 선언을 한다. 다음 날 손석희는 강금실의 정치 입문을 이야기하면서 "본인이 '코미디'라고 했던 정치에 왜 발을 들여놓으려고 하시는 걸까요?"라고 말한다. 강금실 자신이 한 말을 그녀에게 다시 들려준 것이다.

2004년 5월 20일에 있었던 〈100분 토론〉에서는 요즘 아나운서들은 시쳇말로 '뜨면' 프리랜서로 전향하는데 왜 아직까지 MBC에 있느냐는 질문을 받는다. 그는 이렇게 답한다.

아직 안 떠서요.

역시 '뜬다'는 상대방의 말을 그대로 받아서 언론인의 지위와 역할, 사회적 책무, 국민의 재산인 공중파를 통해 얻은 명성을 어떻게 사용해야 하는가에 대한 자신의 생각을 짧지만 정확하게 들려준다. 그 짧은 순간에 '못' 떠서요가 아닌 '안' 떠서, 라는 단어를 선택함으로써 단 한 글자로 자신의 소신과 의지를 말한다.

2004년 10월에는 그간 암암리에 퍼져 있었던 휴대전화 수능 부정 사건들이 알려졌다. 같은 해 11월 22일, 〈시선집중〉에서는 실제 수능 부정 사건에 가담한 대학교 1학년 학생이 소개되었다. 이 학생은 자신의 부정행위에 죄책감을 느끼기는커녕 답을 받는 과정에서 오류가 많아서 성적이 좋지 않았고, 이미 알 만한 사람들은 다 아는 수법인데 문제가 커진 것 같아 '당황스럽다'라고 말한다. 이에 대해 손석희는 이런 얘기를 듣고 있는 우리가 더 '당황스럽다'라고 말한다. 상황에 대한 부정행위 학생의 잘못된 인식을 그 자신의 단어로 다시 들려준다.

2004년 〈100분 토론〉에서는 장광근 당시 한나라당 의원과 노무현 전 대통령 탄핵 사태 이후의 정치 상황에 관해 이야기한다. 노무현 당시 대통령은 기자간담회 등에서 열린우리당을 지지하는 발언을 했고, 중앙선거관리위원회는 이러한 대통령의 행위가 공무원의 선거 중립 의무를 위반했다고 판단했다.

당시 다수당인 한나라당은 국회에서 대통령 탄핵안을 발의했다. 청와대와 여당은 한나라당이 총선을 앞두고 정치 도박을 하고 있다고 비난했다. 한나라당은 결국 발의안 자동 폐기 시한을 일곱 시간 앞두고 의장석 등을 점거한 열린우리당 일부 의원들을 박관용 국회의장이 경호권을 발동해 본회의장 밖으로 끌어낸 뒤 투표를 진행해 탄핵안을 가결시켰다. 그러나 여론은 급격하게 한나라당에 비판적으로 돌아섰고, 한나라당은 탄핵 후폭풍을 맞았다. 총선을 앞두고 오히려 한나라당이 위기에 처했다.

〈100분 토론〉은 당시 이러한 상황에서 방송되었다. 장광근 의원은 토론 자리에서 "탄핵안 가결은 지지 세력을 결집시키기 위한 노무현 대통령의 정략이다. 탄핵을 기다리며 버티기하고 있었던 것이다"라고 주장한다. 손석희는 이에 대해 "알면서 왜 하셨습니까?" 하고 반문한다. "그렇게 주장한다면 당시 경호권까지 발동해 상대 의원들을 끌어내고 탄핵안을 통과시킨 당신 자신의 모습은 어떻게 설명하시겠습니까?"라는 의미다. 자신의 유불리에 따라 입장을 바꾸며 모든 것을 상대 탓으로 돌리는, 다수의 물리력까지 동원해가며 국가 안위에 중대한 위험을 불러오는 탄핵안을 통과시켰던 그들 자신의 모습을, 손석희는 이 짧은 한마디를 던져 스스로 돌아보게 만든다.

상대의 말로 상대를 묶어라

권투에서 선수는 상대방의 벨트 윗부분은 어디든 공격할 수 있다. 상반신 전체가 공격 대상이다. 반면 공격 대상 부위를 막을 수 있는 것은 두 팔밖에 없다. 면적의 차이를 생각하면 링 위에서 권투선수를 공격하는 것은 쉬운 일이어야 한다. 누구도 두 팔로 자신의 얼굴, 가슴, 배, 옆구리, 겨드랑이를 모두 가리지 못한다. 그러나 정작 숙달된 권투선수와 링 위에 맞서보면 공격은커녕 그 넓어 보이던 공격 대상 부위를 한 번 건드려보기도 어렵다. 그 이유는 권투선수가 끊임없이 움직이기 때문이다.

권투를 처음 시작하면 제자리에서 끊임없이 뛰는 연습부터 한다. 자신의 몸을 계속해서 움직인다는 것은 상대가 공격하려는 지점의 위치를 이리저리 바꾸는 것이다. 그래서 권투선수는 체력이 떨어져서 뛰는 것을 멈추면 패하게 된다. 발이 링 위에 묶이는 순간, 상대방의 주먹이 팔로 가려지지 않은 몸통 부위를 공격해오기 때문이다.

논쟁에서도 사람들은 상대방의 논리 공격에서 자신을 보호하기 위해 계속 관념의 뜀뛰기를 한다. 대화를 하다 보면 "그게 그런 의미가 아니고", "지금 그게 중요한 것이 아니고", "꼭 그런 것은 아니지" 같은 말을 자주 듣는다. 자신이 불리해지면 언어의 틀 안에서 끊임없이 위치를 바꾸어가는 것이다.

앞에서도 다루었듯이, 이렇게 끊임없이 위치를 바꾸어가는 상대방의 발을 링 위에 묶어둘 수 있는 것이 하나 있다. 바로 상대방 자신이 내뱉은 말이다. 우리는 신문에서 과거의 발언에 발목이 잡혀 공직의 문 앞에서 들어가지 못하고 주저앉는 인사들을 자주 보게 된다. 자신이 내뱉은 말은 주워담을 수가 없기 때문일 것이다. 적대자들은 후보자가 한 말에 후보자를 묶어두고, 후보자의 생각, 가치관, 도덕성, 행동 방식의 문제점을 공격한다. 후보자의 약점을 절묘하게 찾아낸 것처럼 보이지만, 기실 후보자는 자신이 한 말에 묶여 있는 것이다.

1492년 콜럼버스가 아메리카 대륙에 진입한 이래 유럽인들은 1700년대 들어 원주민들로부터 땅을 빼앗기 시작한다. 1768년에 태어나 1813년 미국 군대와의 템스 전투에서 사망한 '테쿰세'라는 쇼니 족 추장은 당대 가장 위대한 원주민 지도자로 기억되고 있다.

처음에는 무력으로 원주민들의 땅을 빼앗으려 하던 미국인들은 원주민들의 저항이 거세어지자, 1809년 일부 추장들에게 약간

테쿰세(Tecumseh, 1768~1813)

의 돈과 소금을 주고 원주민들이 살고 있던 광활한 토지를 맞바꾸는 포트웨인 조약을 체결한다. 테쿰세는 이듬해 이 조약의 무효를 주장하며, 그 이유를 이렇게 말한다.

> 처음부터 이 땅은 나뉘는 일 없이 모든 이들을 위해 쓰였고 앞으로도 그래야 합니다. 우리 중 어느 누구도 서로에게 이 땅을 팔 권리가 없습니다. 하물며 이 땅의 전부를 외부인들에게 팔아넘길 권리는 그 누구에게도 없습니다.
> 이 땅이 우리의 땅이라고 주장할 때 당신들은 뭐라고 했습니

까? 증서가 있느냐고 했습니다. 우리의 소유권을 증명할 증서가 있느냐고 했습니다. 당신은 그 땅의 증서를 가진 자가 그 땅의 주인이라고 말하며, 우리를 이 땅에서 몰아내려 했습니다.

당신들이, 당신들에게 이 땅을 매도했다고 주장하는 그 추장들이 이런 증서를 가지고 있던가요? 당신들의 말대로 그들은 증서를 가지고 있지 않고, 이 땅의 주인이 아닙니다. 당신들도 그들이 그러한 증서를 가지고 있지 않았다는 사실을 알고 있었습니다.

그들은 이 땅의 주인이 아니기에 당신들에게 이 땅을 팔 권리가 없습니다. 땅을 팔 권리가 없는 사람으로부터 이 땅을 샀다고 주장하는 당신들 역시 이 땅의 소유권을 주장할 권리가 없습니다.

테쿰세는 그 땅에서 수천 년간 살아온 원주민들에게 증서로 소유권을 증명하라고 요구했던 미국인들 자신의 말로 미국인들을 논리의 링 한쪽 구석에 묶어두고 토지 매수 조약의 허구성을 절묘하게 지적한다. 3백 년 전 인디언 추장의 연설이라는 것이 믿기지 않을 만큼 논리 정연하고 강력하다.

1800년대 미국의 여성 참정권 운동가였던 수전 브라우넬 앤서

수전 앤서니(Susan B. Anthony, 1820~1906)

니는 여성에게는 투표권이 부여되지 않던 1872년 투표를 한 후에 법적 투표권 없이 고의로 투표한 죄로 기소되어 법정에 서게 된다. 그녀는 여성에게 투표권을 인정하지 않는 백인 남성들의 부당성의 근거를 백인 남성들이 만들어 선포한 미국의 독립선언문에서 찾는다.

미국의 독립선언문은 이렇게 천명하고 있습니다.

"우리들은 다음과 같은 사실을 자명한 진리로 받아들인다. 모든 사람은 창조주로부터 양도할 수 없는 권리를 부여받았다.

이 권리를 확보하기 위해 인류는 정부를 조직했으며, 이 정부의 정당한 권력은 국민의 동의에서 나온다."

여기서 '우리'는 우리 국민입니다. 백인 남성 시민이 아니라, 모든 사람, 이 국가를 만든 모든 사람들입니다. 우리 여성들은 이 정부의 근간을 이루는 선언문의 정신과 내용을 직접 침해하는 남성들에게 지배당하고 있습니다. 여성의 이러한 자유를 지키기 위한 유일한 수단인 투표권, 민주공화제 정부가 정한 투표권을 부인하면서 여성에게 자유라는 축복을 구가하라고 말하는 것은 터무니없는 위선입니다.

경청은 나약함이 아닌 부드러움이다

손석희의 논쟁은 부드럽다. 지금 이 사회에서 가장 심각한 주제를 두고 핵심 당사자와 한 치의 양보 없이 논쟁을 벌이면서도 고성이 오가거나 답변을 강요하는 법이 없다. 그러면서도 상대방의 오류를 정확하게 비춰내고 상대방을 압도한다.

격투기 중에 유도를 보면 체구가 작은 선수가 덩치 큰 상대방을 메치는 모습이 자주 나온다. 절대적인 힘의 차이가 있는데 이런 일이 가능한 이유가 있다. 유도 선수는 자신의 힘으로 거구의 상대방을 넘어뜨리지 않는다. 유도 선수는 먼저 상대방을 민다. 그 힘은 자신의 체구만큼 약하다. 그러면 상대방은 밀리지 않기 위해서 반대 방향으로 유도 선수를 민다. 이 힘은 상대방의 체구만큼 강하다. 유도 선수는 이 힘을 이용해서 상대방을 자신의 어깨 너머로 메친다. 자신의 힘을 이용해 상대를 공격하는 것이 아니라 상대방의 힘을 이용해서 상대방을 공격하는 것이다. 상대의 강한 힘에 맞서서 저항하는 것이 아니라 그에 순응하면서 그 힘을 역이용해 상대를 제압하는 것이다.

우리는 상대방과 대화할 때 자신의 말을 늘어놓기에 바쁘다. 상대방의 말을 중간에 끊어가면서까지 자신의 말을 모두 내뱉으려 애쓴다. 자신의 말의 힘으로 상대를 제압하려고 덤벼든다. 정치인들은 토론 프로그램에 나와서 자신의 발언 시간이 다 되어 경고를 받고 결국 마이크가 꺼진 후에도 자신의 말을 계속 해댄다. 마치 말을 많이 하면 할수록 자신의 힘은 강해지고 상대방은 약해지기라도 하는 것처럼 애를 쓴다.

그러나 우리가 이 상황에서 생각하지 못한 것이 있다. 내 말이 많으면 많을수록, 내 말이 강하면 강할수록, 그에 저항하는 상대방의 힘도 커진다. 내 말의 절대적인 힘이 커질지는 몰라도 그에 비례해 상대방의 저항하는 힘 역시 커진다. 그러므로 내 힘과 상대방의 힘의 차이는 여전히 변함 없거나 오히려 줄어든다. 주위에서 흔히 보이는, 공격적으로 나가지만 상대방을 압도하지는 못하는 사람들의 말하는 법은 이런 식이다. 나와 상대의 강한 힘이 맞부딪혀 불꽃이 튀다가 어느 순간 뚝하고 부러져버린다. 결론은 나지 않고 싸움만 나는 것이다.

그러기에 동양의 현자들은 강한 것으로는 강한 것을 이기지 못한다고 했다. 황석공의 병법서로 알려진 《황석공소서》에서는 유능제강 약능승강(柔能制强 弱能勝强, 부드러운 것이 능히 단단한 것을 이기고 약한 것이 능히 강한 것을 이긴다)이라고 했다.

노자의 《도덕경》에서는 유능제강의 원리를 이렇게 말한다.

> 세상에 부드럽고 약하기로는 물보다 더한 것이 없다. 견고하고 강한 것을 공격하는 데는 능히 이보다 나은 것이 없다. 사람도 태어날 때는 부드럽고 약하나 그 죽음에 이르러서는 굳고 강해진다. 풀과 나무도 생겨날 때는 부드럽고 연하지만 그 죽음에 이르러서는 마르고 굳어진다. 따라서 굳고 강한 것은 죽음의 무리고, 부드럽고 약한 것은 삶의 무리다. 군대가 강하면 멸망하고 나무는 강하면 꺾인다. 강하고 큰 것은 아래에 위치하고 부드럽고 약한 것은 위에 자리 잡는다.

손석희는 언제나 강한 사람들과 논쟁한다. 그러나 자기 말의 힘으로 상대방을 제압하려 하지 않는다. 목소리를 높이는 법도, 윽박지르는 법도 없다. 언제나 주제에 대한 상대방의 생각을 먼저 묻는 부드러움을 보인다. 상대방의 말을 아무 말 없이 귀 기울여 들을 뿐이다. 상대방은 여전히 강하게 자신의 말을 쏟아낸다.

손석희는 상대방이 쏟아내는 강한 말의 힘을 이용해 그를 제압한다. 상대방의 말을 그대로 받아 다른 상황에서 다시 상대방에게 들려준다. 상대방이 강하게 말을 쏟아 낼수록, 그 말들은 상대방 자신을 더욱 궁지로 몰아넣는 강한 힘으로 반작용한다.

손석희의 부드러움은 나약함이 아니다. 손석희의 부드러움은 상대방이 강하게 던지는 말을 절묘하게 받아내 다시 상대방에게 자기 검증의 단어로 던져준다. 손석희가 말하는 법의 이러한 힘은 존 F. 케네디 전 미국 대통령의 취임 연설 중 한 구절을 생각나게 만든다.

> 정중한 태도는 나약함의 표시가 아니며, 진심은 언제나 증명된다.

손석희의 말이 절묘하게 들리는 이유는, 상대방의 말에 자신의 말로 맞서지 않고 상대방의 말에 실린 힘으로 상대방을 검증하기 때문이다.

> ▶ **손석희가 말하는 법 제6법칙**

상대방의 강한 말을 귀 기울여 들어라.
그 말로 상대방을 스스로 검증하게 하라.

9장
주장을 내세우는 자에게 사실을 요구한다

우리는 이렇게 말한다

몇몇 사람이 개고기를 먹는다고
한국 사람들 전체를 야만인이라고
주장하는 것은 옳지 않습니다

손석희는 이렇게 말한다

한국에서 개고기를 먹는 사람들이
얼마나 된다고 생각하십니까?

사실을 요구해 상대를 무력화시키는 힘

　손석희와 대화를 하다 보면 강한 상대방이 무력해진다. 평소에는 어느 자리, 누구 앞에서도, 누구보다 자신의 주장을 강하게 내세우던 사람들이 손석희와 대화를 하면 힘을 잃는다. 그토록 신념에 차서 자신의 주장에 목소리를 높이던 사람이 자신감을 잃고, 당황하고, 말을 더듬는 모습을 보인다.

　손석희가 권력이나 금권(金權)을 쥐고 있는 것도 아닌데 왜 손석희와 대화를 하면 자신의 주장에서 힘이 떨어지는 걸까? 손석희는 어떻게 매번 확신에 차 있던 상대의 주장을 몇 마디 말로 무력하게 만드는 것일까?

　앞에서 손석희가 사실을 먼저 말하는 화법을 사용한다고 지적했다. 그는 한 걸음 더 나아가 상대방에게도 사실을 말하도록 한다. 관념적인 단어들을 적당히 늘어놓아 오류를 숨기고 주장만을 내세우는 상대방에게 사실을 이야기하도록 이끌어냄으로써 그들의 주장에 숨어 있는 오류들이 스스로 드러나도록 한다. 하나씩 살펴보자.

　첫째, 손석희는 주장하는 상대방에게 사실을 말하도록 한다. 바르도와의 대화에서 상대방은 개고기를 먹는 한국인들은 야만적이라고 자신의 주장을 말한다. '야만적이다'라는 말은 가치 판단에 관한 서술어이기에 사실이 아니라 주장이다. 그런데 손석희는 이런 상대방에게 한국에서 개고기를 먹는 사람이 얼마나 되는지 알고 있느냐며 사실을 묻는다. 개고기를 먹는 사람의 수나 비율은 객관적으로 존재하는 수치이기 때문에 이는 주장이 아닌 사실을 묻는 것이다.

손석희는 주장을 말하는 사람에게 사실을 말하도록 요구함으로써 주장을 반복하는 상대방을 사실에 관한 이야기 마당으로 끌어낸다. 상대방의 주장 자체를 공격하지 않고, 그 주장을 받쳐주는 사실들을 공격한다.

이 대화에서 손석희는 개고기를 먹는다는 이유로 한국인을 야만적이라고 하는 당신의 주장은 잘못되었다고 말하지 않는다. 대신 한국의 역사와 문화에 대해 얼마나 알고 있는지, 한국에서 개고기를 먹는 사람의 수를 알고 있는지, 유럽 사람 중에도 한국에 와서 개고기를 먹은 사람이 있다는 사실을 알고 있는지 물어 시종일관 사실을 논하는 대화로 이끌어간다. 이제 상대방은 한국에 대해 알지도 못하고, 한국 사람 중에 개고기를 먹는 사람이 얼마나 되는지도 알지 못하고, 개고기는 한국 사람만 먹는지 여부도 알지 못한 채, 한국인은 야만적이라고 주장한 셈이 된다. 이 대화에서 손석희가 상대방의 주장은 틀렸다고 말한 적은 단 한 번도 없다.

하지만 상대방의 주장은 그 주장을 받쳐주는 사실들이 무너지면서 스스로 힘을 잃는다.

앞선 조다이 의원과의 대화에서도 조다이 의원은 독도가 국제법상으로 일본 시마네 현 오키 섬에 속해 있는 일본 고유의 영토라는 주장을 앞세웠다. 손석희는 조다이 의원에게 긴 세월 동안 독도를 이용한 역사적 기록이라는 사실 문제, 1600년경부터 일본 국민이 어업 행위를 했다는 사실을 이야기하도록 한다. 손석희는 이렇게 질문한다.

국제법상에 어디에 그게 인정되는지 설명해주시죠?

긴 세월을 이용했다고 하는데 언제부터 이용했다는 건지요?

1600년경부터 어떻게 독도를 이용했다는 건지요?

논쟁에서 손석희가 자주 하는 말들은 매우 짧다.

왜 그렇습니까?

어떤 점이 잘못되었다고 보시는 건지 말씀해주시죠.

구체적으로 어떻게 하실 계획이신지요?

손석희가 자주 하는 이 말들이 전하는 메시지는 하나다. 주장을 말하는 사람에게 사실을 말하도록 요구하는 것이다. 주장을 늘 어놓는 사람들에게 이제 그 주장을 뒷받침할 사실과 데이터를 제시해달라고 말하는 것이다. 그러면 상대방이 내놓는 사실을 확인하여 상대방의 주장이 타당한지를 판단하겠다고 이야기하는 것이다. 그래서 버릇처럼 항상 이렇게 말한다.

예를 든다면요?

예를 들어서 설명해주시겠습니까?

구체적으로 어떤 점에서 그렇습니까?

우리 주위에서도 사실은 말하지 않고 자신의 주장만을 반복하는 사람들을 자주 본다. 마치 자신의 주장이 곧 사실인 것처럼 이야기하는 경우도 있다. 이들은 왜 이렇게 이야기할까?

고대 법학의 원칙 중에 "사실을 말하라. 그러면 권리를 주리라"라는 말이 있다. 고대 사회의 시민들은 분쟁이 생겼을 때, 군주 앞에 가서 상대방이 나에게 백만 원을 지금 돌려주어야 한다고 말하지 않았다. 상대방이 나에게 백만 원을 빌려갔다, 3개월 후에 이 돈을 다시 갚기로 했다, 돈을 빌려준 날로부터 3개월이 이미 지났다는 사실을 말한다. 그러면 군주가 이 사실을 확인하고, 상대방은 백만 원을 돌려줘야 한다고 판정한다. 시민의 권리는 이렇게 보장된다.

그러나 오늘날 많은 사람들은 자기 스스로 '관념의 군주'가 되어 있다. 사실은 자신의 추측 속에만 있고, 남들에게는 바로 자신의 주장만을 말한다. 따라서 사실은 검증되지 않고, 나의 주장은 언제나 옳다. 손석희는 그런 상대방에게 다시 사실을 말하게 한다. 그리고 그 사실들을 검증한다. 이런 과정을 통해 상대방의 주장의 옳고 그름에 대한 판별을 상대방 자신이 아닌 이성과 합리의 몫으로, 청취자들의 몫으로 되돌려놓는다. "주장을 앞세우기 전에 올바른 사실을 말하라, 그러면 우리의 이성이 당신에게 마땅한 권리를 주리라"라고 말한다.

둘째, 손석희는 상대방의 주장을 반박하기 전에 상대방의 사실을 검증한다.

2007년 10월 11일, 경기도 고양시청은 용역 직원들을 동원해 주엽역 및 화정역 일대에서 대대적인 노점상 단속을 벌인다. 고양시에서 붕어빵 노점상을 하던 이근재 씨는 폭행을 당했고, 집기도 파손되었다고 알려졌다. 다음 날 이근재 씨는 공원에서 스스로 나무에 목을 매 숨진 채 발견된다. 같은 달 17일 손석희는 〈시선집중〉에서 박성복 고양시 건설교통국장과 인터뷰를 한다. 박성복 국장은 이근재 씨의 자살은 고양시의 노점 단속과 무관하며, 전국노점상총연합회가 의도적으로 사실을 왜곡하고 있다고 주장한다.

손석희: 2백여 명의 이른바 용역 깡패. 이렇게 부르는 것도 사실은 기분 좋은 일은 아닌데요. 2백여 명의 사람들을 고용한 것은 맞습니까?

박성복: 2백여 명에 대해선 숫자에 오차가 크고요. 용역원은 저희가 공개 공모하고 업체를 선정해서 업체가 연중 일정 인원을 관리하고 있습니다.

손석희: 그 인원이 몇 명입니까?

박성복: 저희 단속 범위와 기준에 따라서 차이가 있습니다.

손석희: 그럼 지금 기록하신 바에 의하면 11일 오후 2시쯤에는 몇 사람을 하신 걸로 돼 있나요? 그 업체에서는.

박성복: 11일이오. 제가 (보고) 받기론 일산 서구청이니까 그때 한 백 명은 됐을 겁니다.

진실을 알기 어려운 상황에서 상대방은 노점상의 자살이 자신들의 단속과 무관하다고 주장한다. 손석희는 용역 직원을 동원했는지에 대한 사실에 초점을 맞춘다. 상대방은 2백 명이라는 주장은 오차가 크다고 모호하게 답한다. 이에 대해 손석희는 다시 고양시청이 말하는 실제 인원은 몇 명인지를 물어서 상대방이 사실을 말하도록 한다. 상대방은 다시 단속 범위와 기준, 선정 업체에 따라 다르다는 답변으로 사실을 피해간다. 손석희는 이에 대해 그날 해당 업체의 인원은 몇 명이었는지 질문한다. 상대방은 결국 (자신도 잘 모르지만) 백 명이 넘는다는 답변을 내놓는다.

노점상 측의 주장이 맞는지, 고양시청의 주장이 맞는지 우리는 알 수 없다. 분명한 것은 고양시청이 항상 용역 인력을 관리하고 있고, 2백 명은 오차가 크다고 했다가 (보고) 받기론 한 백 명은 됐을 것이라고 털어놓은 점이다. 이런 사실 검증을 통해서 노점상 측이 허위 사실을 날조하고 있다는 상대방의 주장은 현격하게 힘을 잃는다.

손석희는 〈100분 토론〉에서 자신의 역할을 이야기하면서 이렇게 말한다.

> 사회자는 방송 토론의 제한된 시간 안에 가능한 모든 데이터를 합리적으로 내놓을 수 있도록 도와주어야 한다고 봅니다.

그는 여기서 두 가지 점을 이야기하고 있다. 하나는 말하는 사람이 내놓아야 할 것이 주장이 아니라 데이터, 즉 사실이어야 한다는 점이다. 다른 하나는, 그러한 사실을 마음대로 늘어놓을 게 아니라 합리적으로 진술해야 한다는 점이다. 손석희는 주장을 내세우는 사람들에게 데이터를 내놓게 하고, 그것이 합리적인지 검증함으로써 그들의 주장이 타당한지를 확인한다.

셋째, 상대방이 주장을 늘어놓는 동안 손석희는 사실을 준비한다.

상대방에게 주장이 아닌 사실을 이야기하도록 했기에 이제 손석희는 상대방이 말하는 사실을 검증할 수 있다. 그리고 상대방이 주장을 내세우는 동안 자신은 철저하게 사실을 준비한다.

조다이와의 인터뷰에서, 독도가 일본 영토임은 국제법상 인정되었다는 상대방의 주장에 대해 이렇게 말한다.

> 그러면 다시 근거를 제시해드리죠. 2차대전 종전 직후 1946년 1월 29일에 연합국 최고사령관이 훈령 제677조를 통해 독도를 일본 영토에서 제외 조치한 사실이 있습니다. 이렇게 가장 최근의 역사적 문서를 통해서도 독도가 일본 영토가 아니다, 이걸 분명히 했는데 이것도 부정하시겠는지요.

그리고 또 하나는 대개 일본 쪽에서 얘기하는 것이 샌프란시스코 조약을 얘기하는데, 샌프란시스코 조약에서 독도가 한국 영토로 명시돼 있지 않았다는 것, 즉 일본이 반환해야 되는 한국 영토 가운데 독도가 빠져 있는 것 때문에 일본 쪽에서는 자기네 땅이다, 이렇게 얘기하는 것 같은데 1952년에 일본의 마이니치신문사가 샌프란시스코 평화조약 설명서를 실으면서 여기에 지도를 실은 게 있습니다. 이 지도 안에는 분명하게 울릉도하고 독도가 일본식으로 죽도로 표기가 돼 있습니다만, 일본 영토가 아니라 한국의 영토인 것으로 분명하게 표시가 돼 있습니다. 이것은 우리가 발행한 지도가 아니고 일본 쪽에서 발행한 지도거든요. 그 이외에도 수도 없이 이런 지도나 문서를 통해서 증명이 되고 있는데 그건 어떻게 설명하시겠습니까?

상대방의 사실이 무너지고, 그 사실 위에 자리 잡고 있던 주장도 함께 무너진다. 이제 상대방의 주장은 손석희의 사실 앞에서 완전히 힘을 잃는다. 상대방은 이제 말을 바꿔 그게 중요한 것이 아니라면서 도망가고, 청취자는 상대방의 주장이 억지라는 판단을 명확하게 내릴 수 있게 된다.

    주장을 반복하는 상대방의 주장 자체를 공격하는 대신 사실을 말하게 한다. 그 사실을 검증하고 반대 사실을 준비한다. 손석희가 말하는 법의 '상대방의 주장을 무력하게 만드는 힘'은 이렇게 완성된다.

사실 검증의 장으로 유인하라

손석희와 대화하는 사람들 중 사회적 지위와 권력을 가진 사람일수록 목청을 높여 자기 주장을 하는 경우가 많다. 정작 그들은 주장의 모호함이라는 보호막 안에 자신을 숨기고, 이성과 논리의 검증을 피하려 한다. 손석희는 이러한 상대방을 주장의 보호막 속에서 끄집어내 사실 검증의 전투장으로 몰아넣는다. 주장에는 권력이 있지만 사실에는 권력이 없다. 사실에는 오로지 합리와 지성, 증거와 검증이 있을 뿐이다.

우리는 상대방이 자기주장을 한다는 이유로 상대방의 주장을 공격하려 덤빈다. 상대방이 자신의 주장을 강하게 하면 할수록, 반대 주장을 강하게 내세워서 상대방의 주장을 이기려 든다. 상대방이 사실을 이야기하지 않는다는 이유로 우리 역시 어떠한 사실을 확인해야 하고 무엇이 사실인지 확인하려 애쓰지 않는다.

그러나 주장은 언제든지 뒤집힐 수 있다. 태양이 지구 주위를 돈다는 주장도 있을 수 있고, 정반대로 지구가 태양 주위를 돈다는 주장도 있을 수 있다. 천동설이 옳다는 주장에 지동설이 옳다는 주장으로 맞서봐야 얻을 수 있는 것은 없다. 그러나 지구에서 관측되는 천체의 움직이라는 사실 관측의 문제로 내려오면, 연주시차가 존재한다는 사실을 알 수 있다. 연주시차란 지구가 태양을 중심으로 공전운동을 함에 따라 천체를 바라보았을 때 생기는 시차로서 지구 공전의 결정적인 증거가 된다.

천동설이라는 주장을 이기는 힘은 지동설이라는 반대 주장이 아니라 연주시차의 관측이라는 사실에서 나온다. 천동설을 무력하게 만드는 것은 반대 주장이 아니라 관측된 사실이고 그러한 사실을 관측하는 노력이다.

손석희가 상대방의 강력한 주장을 매번 무력하게 만드는 비법은 자신의 주장을 더 강하게 내세우는 대신 상대방의 주장을 받쳐주는 사실을 반대 사실로 검증하기 때문이다.

▶ **손석희가 말하는 법 제7법칙**

주장하는 자에게 사실을 말하게 하라.
사실 검증의 장에서 싸우라.

10장
대조함으로써
진실을 밝힌다

우리는 이렇게 말한다

그녀의 개고기 반대 주장은 합리적이지
못하다는 결론을 얻게 됩니다.

손석희는 이렇게 말한다

그녀는 동물애호가라기보다 차라리
인종차별주의자라는 결론을 얻게 됩니다.

대조를 통해서 분명하게 판단한다

손석희의 말을 듣고 있으면 옳고 그름이 분명하게 느껴진다. 우리는 평소 서로 다른 주장을 듣다 보면, 이쪽도 옳은 것 같고 저쪽도 옳은 것 같고, 경우에 따라 둘 다 옳은 것 같거나 둘 다 틀린 것 같은 혼동을 겪는다. 그러나 손석희의 말을 듣고 있으면, 무엇이 맞고 무엇이 틀린지, 어느 부분이 옳고 어느 부분은 잘못되었는지 판단이 명확해진다. "이 문제의 답은 이것입니다"라고 말하는 것도 아닌데, 명료하게 판단할 수 있게 된다.

여기에는 서로의 차이를 대조시키는 손석희 특유의 화법이 있다. 바르도와의 대화에서 손석희는 '인종차별주의자' 앞에 '동물애호가라기보다는'이라는 말을 넣는다. 이 짧은 말 한마디는 여러 의미를 함축한다.

손석희는 동물애호와 인종차별을 대조함으로써 상대방의 문제점이 어디에 있는지를 분명하게 부각시킨다. 그는 일방적으로 개고기를 허용해야 한다고 말하지 않는다. 개고기를 반대하는 입장에 동물애호주의의 긍정적 요소가 있음도 인정한다. 그러나 동물애호주의 본래의 뜻에서 벗어나 인종차별적인 관점에서 접근하는 상대방의 시각에 문제의 핵심이 있음을 보여준다. 동물애호주의라는 선의 실천을 위해 인종차별주의라는 악한 수단을 사용하는 상대방의 모순을 명확하게 보여준다.

   대화의 마지막 순간까지 동물애호와 인종차별이라는 선과 악을 대조함으로써 (단지 한국과 한국민을 비하하기 때문에 나쁘다고 감정적으로 판단하는 게 아니라) 목적과 수단이 잘못 결합되어 생긴 상대방의 오류를 청취자들에게 인식시킨다. 손석희가 말하는 법의 '분명함'은 이렇게 완성된다.

존 F. 케네디의 대조 화법

상반된 개념을 대조해 자신의 뜻을 명확하게 전달한 사람으로 존 F. 케네디를 꼽을 수 있다. 1961년 1월 20일에 미국의 제35대 대통령으로 취임해 1963년 11월 22일 댈러스에서 암살될 때까지, 그가 미국 대통령으로 지낸 시간은 채 3년이 되지 않는다. 그러나 케네디는 미국인들의 가슴에 가장 깊이 남아 있는 대통령이며, 워싱턴 DC 국회의사당에서 한 취임 연설은 지금도 최고의 명연설로 꼽힌다.

   그는 미국과 소련 양국이 냉전으로 첨예하게 대립하고, 신생 독립국에서는 독재 정권이 인권을 유린하던 시기에 행한 연설에서, 줄곧 서로 다른 두 개의 관점을 대조해 자신의 생각을 분명하게 전달하고 국민들을 역사적 사명 앞에 불러세워 하나로 묶는다. 그는 이렇게 말한다.

> 우리에게 행복을 빌든 불행을 빌든, 모든 나라에게 알립시다. 우리는 그 어떤 우방도 도울 것이며, 그 어떤 적에게도 대항할 것입니다.
>
> 오랜 우방국에게 충성과 신의를 다할 것을 맹세합니다. 힘을 모으면 우리는 무수한 협력 사업을 통해 어떤 일도 해낼 것입니다. 힘이 흩어지면 우리는 그 어떤 일도 해내지 못할 것입니다.
>
> 신생국에 맹세합니다. 식민 통치가 물러난 자리에 그보다 더 가혹한 폭정이 들어서는 일이 없을 것임을 맹세합니다. 신생국들이 우리의 견해를 언제나 지지해주리라고는 기대하지 않겠습니다. 다만 그들이 자신의 자유만은 강력히 지지하고 지켜나가기를 바랍니다. 더불어 과거에 호랑이 등에 올라타 권력을 탐하던 어리석은 자들이 결국은 호랑이에 잡아먹히고 말았다는 사실을 기억하기 바랍니다.
>
> 전 세계 빈곤층에게 맹세합니다. 자유 사회가 가난한 다수를 돕지 못한다면 부유한 소수 역시 구하지 못할 것입니다.
>
> 우리는 군사력이 의심의 여지없이 막강해야 비로소 그 군사

력이 사용되지 않는다는 것을 확신합니다. 두려움 때문에 협상하는 일이 없도록 합시다. 그렇다고 협상을 두려워하지 맙시다.

양 진영은 무엇이 우리를 분열시키는지를 두고 싸울 것이 아니라, 무엇이 우리를 단결시키는가를 탐험합시다. 다른 국가를 파괴하는 절대적인 힘을, 모든 국가의 절대적인 통제로 억압합시다.

양 진영은 과학의 공포가 아닌, 과학의 경이로움을 이끌어냅시다. 새로운 힘의 균형을 만들지 말고, 새로운 법이 지배하는 세계를 만듭시다. 강자는 정의롭고, 약자는 안전하며, 평화가 존속하는 세계를 만듭시다.

케네디는 연설의 마지막 역시 완벽한 대조로 끝을 맺는다. 국민과 국가를 대조함으로써 미국 국민들과 전 세계인들에게 전하는 그의 메시지가 분명하게 드러난다.

그러니 국민 여러분, 조국이 여러분을 위해 무엇을 할 수 있을지를 묻지 마십시오. 여러분이 조국을 위해 무엇을 할 수 있을지를 물으십시오.

세계 시민 여러분, 미국이 여러분을 위해 무엇을 해줄 것인가를 묻지 마십시오. 인류의 자유를 위해 우리가 힘을 모아 무엇을 할 수 있을지를 물으십시오.

케네디의 대조 화법은 150여 년 전 제퍼슨에게서도 찾아 볼 수 있다.

그토록 오랜 세월 인류를 피 흘리고 고통스럽게 했던 종교적 편협을 이 땅에서 추방한 우리가, 종교적 편협만큼 전제적이고 사악한 정치적 편협을 묵인한다면 그동안 우리가 얻은 것은 허사가 됩니다.
의견이 다르다고 해서 원칙까지 다르지는 않습니다. 우리는 동일한 원칙을 가진 형제들을 다른 이름으로 부를 뿐입니다. 우리는 모두 공화파이며, 우리는 모두 연방파입니다.

케네디의 대조 화법은 반세기 후 다시 오바마의 말하는 법으로 다시 이어진다.

우리는 억만장자의 숫자나 〈포천〉 선정 5백대 기업이 낸 이익으로 우리 경제의 튼튼함을 평가하지 않습니다. 우리는 좋은 아이디어를 가진 분들이 위험을 감수하고 새로운 사업을 시작할 수 있는지, 팁으로 먹고 사는 식당 여종업원이 실직당하지 않고서도 아픈 아이를 돌보기 위해 하루 쉴 수 있는지를 보고 우리 경제의 튼튼함을 평가합니다.

우리가 직면한 문제를 정부가 전부 해결할 수 없습니다. 그러나 우리 스스로의 힘으로 해결할 수 없는 문제에는 정부가 나서야 합니다.

우리 정부는 우리를 위해 일해야지 우리와 대립해서는 안 됩니다. 우리를 도와야지 우리에게 해를 끼쳐서는 안 됩니다.

결정적인 순간에 우리에게 필요한 변화는 워싱턴으로부터 오지 않았습니다. 변화는 워싱턴으로 향하고 있습니다.

우리는 많은 돈과 지지를 얻지 못한 채 이 선거운동을 시작했습니다. 우리의 선거운동은 워싱턴의 홀에서 시작된 것이 아니었습니다. 그것은 바로 디모인의 뒤뜰에서, 콩코드의 거실에서, 찰스턴의 현관에서 시작했습니다.

이번 승리 자체는 우리가 찾던 변화가 아닙니다. 이번 승리는 그러한 변화를 만들기 위해 우리에게 주어진 유일한 기회입니다.

우리는 적이 아니라 친구입니다. 대선을 향한 애착이 지나쳤을지라도, 그것이 우리 애정의 연대를 끊어서는 안 됩니다.

대조를 통해 논리의 빛을 밝혀라

왜 역사적으로 말 잘하는 사람들은 이처럼 서로 반대되는 단어를 대조하는 방법으로 자신의 생각을 전달했을까? 대조는 그들의 말하기에서 어떠한 역할을 하는 것일까?

우리말에서 '소화'한다는 말을 예로 들어 생각해보자. 이 단어는 우리의 대화 속에서 여러 가지 서로 다른 의미로 사용된다.

(1) 소화가 잘 안된다고 할 때에는 음식물을 분해해서 흡수하기 쉬운 형태로 변화시킨다는 의미.
(2) 파격적인 의상을 잘 소화했다고 할 때와 같이 다른 것의 특성을 잘 살려낸다는 의미.
(3) 어려운 노래를 잘 소화했다고 할 때와 같이 일을 해결해 낸다는 의미.

그 외에도 어떤 장소에 수용한다는 의미, 필요한 물량을 만족시킨다는 의미로도 쓰인다. 지식이나 기술을 익혀 자기 것으로 만든다는 의미뿐 아니라 불을 끈다는 의미로도 사용된다.

이처럼 하나의 단어를 사용할 때도 그 단어의 의미는 마치 여러 면으로 깎여나간 정육면체와 같이 보는 각도마다 서로 다른 모습을 갖는다. 사람들은 이중 어느 한 면의 의미로 이 단어를 사용하고 있지만, 그것은 자신의 머릿속에서만 분명할 뿐이다. 상대방은 한 단어의 수많은 의미 중에서 어느 면에 서서 이야기하고 있는지 알기 어렵다. 이제 내가 서 있는 면에 빛을 비춰 상대방이 내가 어느 자리에 서서 이야기하는지 알 수 있게 해보자. 어디서 빛을 비춰야 내가 선 자리가 가장 밝을까?

내가 서 있는 면과 빛의 방향이 직각을 이루면 된다. 다시 말해 내가 서 있는 면의 정확하게 반대편에서 빛을 비추면 된다. 위의 '소화'의 예로 생각해보면, 단순히 '소화'라고 말했을 때는 듣는 사람마다 제각각 서로 다른 생각을 할 수 있다. 하지만 '배설이 아닌 소화', '방화가 아닌 소화'와 같이 대조를 시켰을 때 그 의미가 모든 사람들에게 분명해진다.

대조 화법을 사용하는 사람들은 생각을 전달하는 데 있어서 두 가지 중요한 점을 알고 있다. 하나는 내가 말하는 단어의 의미가 모든 사람에게 똑같이 이해될 수 없다는 점이다. 다른 하나는, 반대 개념을 가져다 놓으면 누구든지 내가 말하는 단어에 부여하는 의미와 같은 뜻으로 이해하게 된다는 점이다.

손석희는 바르도에게 개고기 반대론이 틀렸다고 하지 않는다.

대신 한번도 언급된 적이 없었던 '동물애호주의'라는 단어를 들고 와서, 동물애호주의와 인종차별주의를 대조시킨다. 그는 이를 통해 두 가지 중요한 결론을 이야기한다.

첫째, 개고기 반대론이라는 하나의 단어를 사용하지만, 거기에는 '동물애호주의의 개고기 반대론'이 있고, '인종차별주의의 개고기 반대론'이 있다는 점이다. 동물애호주의와 인종차별주의의 차이점은 무엇인가? 애호는 감정이지만 차별은 사실이다. 상대방이 나와 같은 감정을 느끼기를 원하는 사람은 상대방을 비난하거나 조롱하지 않는다. 감정은 강요에 의해서 생겨날 수 없기 때문이다. 그러므로 동물애호주의 차원에서 개고기를 반대하는 사람은 상대방의 감정에 호소한다. 소나 돼지와 달리 집단적으로 사육하기 어려운 개의 습성, 법망 밖에서 행해지는 사육과 도살, 유통의 문제점, 이로 인해 비롯되는 비인도적인 행태와 위생상의 심각한 문제들을 들어 상대방에게 공감해달라고 호소한다. 이와 달리 상대방에게 내 입장을 강요하고, 상대방의 행동을 과장하고, 비난하고, 조롱하는 것은 상대방이 나와 공감하기를 원하는 사람의 모습이 아니다. 이러한 강요와 과장, 비난과 조롱은 상대방이 나와 다른 야만이라는 편견에 치우친 사람들의 언행일 뿐이다.

둘째, 손석희가 말하는 법에서 알 수 있는 또 하나의 결론은, 서로 다른 두 개의 개고기 반대론이 존재하기에 처음부터 이를 구분하지 않고 개고기 반대론이 옳다거나 개고기 반대론이 잘못되었다고 말하는 것은 무의미하다는 점이다.

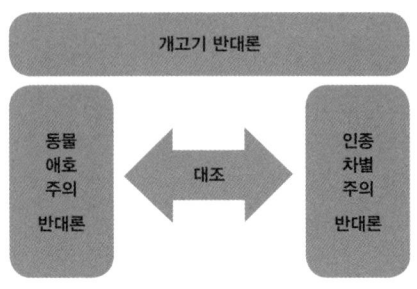

손석희가 바르도와의 대화에서 검증하고 비판하는 대상은 개고기 반대론 자체가 아니다. 그는 우리나라 사람들이 당당하게 개고기를 먹어야 한다고 말하지 않는다. 그가 비판하는 것은 인종차별주의 시각에서의 개고기 반대론이다. 상대방이 개에 대해 다른 식용 가축과 다른 애착을 가져달라고 호소하는 차원의 개고기 반대론을 비판하는 것이 아니라, 상대방을 비방하고 조롱하는 방식의 개고기 반대론을 비판하는 것이다. 그는 동물애호주의와 인종차별주의를 대조함으로써 이 두 가지 입장의 명백한 차이점을, 그리고 무엇이 옳고 무엇이 그른지에 대한 자신의 생각을 명확히 전달한다.

손석회가 말하는 법이 자신의 생각을 분명하게 전달하는 이유는, 명확한 대조를 통해 한 단어가 갖는 의미의 단면체 위 어느 지점에 자신이 서 있는지 분명히 보여주기 때문이다.

▶ 손석희가 말하는 법 제8법칙

대조를 통해 생각을 보여라.
빛의 위치는 주위가 어두울수록 분명해진다.

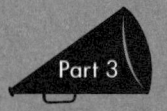

손석희의
생각과 말하기

11장
다름을 인정할 때 하나가 될 수 있다

여럿으로 된 하나

최근 여러 가지 어려움을 겪고 있지만, 미국은 경제적·정치적·외교적으로 세계 1위의 초강대국이다. 〈포천〉이 선정한 세계 5백 대 기업 분포를 국가별로 보면 미국 소재 기업이 133개로 단연 1위다. 그다음은 일본 68개, 중국 61개, 프랑스 35개다. 한국은 14개다.

미국이 이런 초강대국이 된 이유와 힘의 원천을 생각해보자. 미국에 있다 보면 나라 하나가 어떻게 이렇게 넓을까 하는 생각이 들 때가 있다. 그런데 이 점을 반대로 생각해보면, 이 넓은 땅의 이 많은 민족들이 어떻게 한 나라를 이루고 살까 하는 의문이 생긴다. 미국의 국토 면적은 총 9,826,675제곱킬로미터로 한반도의 44배다. 인구수도 세계 3위다. 우리나라는 미국의 44분의 1에 불과한데 이 작은 영토조차 반으로 나뉘어 있다. 미국이란 나라는 이 넓은 땅과 그 많은 사람들을 어떻게 하나의 국가라는 틀 안에서 발전시켜왔는지 궁금해지지 않을 수 없다. 미국의 역사가 235년에 불과하고, 대표적인 다인종, 다민족 국가라는 점을 생각해보면 미국의 이러한 단일국가성은 더욱 놀랍게 다가온다. 146년 전에 남북전쟁을 겪었고, 불과 40년 전까지도 인종 분쟁을 겪었다. 그럼에도 불구하고 그들은 여전히 단일 국가를 유지하고 있다.

미국의 국장(國章)에는 "E pluribus Unum"이라고 새겨져 있다. '여럿으로 된 하나'라는 뜻의 라틴어다. 참으로 독특한 문구다. 미국은 국가의 공식 의사표시로 국새를 찍을 때마다 자신들이 여럿으로 이루어졌다고 밝히고, 동시에 그럼에도 자신들은 하나라고 선언한다. 이 넓은 영토와 많은 인구, 다양한 인종과 민족들이 하나의 나라로 통합되어 세계 제1의 국가를 만들어낼 수 있었던 힘이 이 문구에 고스란히 드러난다.

제퍼슨은 서로 다른 생각을 인정하고 그 속에서 발전해나가는

미국의 국장

미국의 힘에 자부심을 느끼며 이렇게 말한다.

우리는 그동안 다양한 의견을 개진하는 과정에서 간혹 열띤 토론을 벌이곤 했는데, 자유롭게 생각하고 자기 생각을 자유롭게 말하고 쓸 수 없는 사람들에게는 우리의 이런 모습이 당혹스럽게 보였을 수도 있을 것입니다.

우리 가운데 행여 우리 연방을 해체하자거나 공화제를 바꾸자고 하는 사람이 있다면, 그들을 제지하지 말고 자유로운 의견 개진의 상징으로 삼아야 합니다. 우리는 그릇된 의견도 수용하며 그 의견에 맞서 이성적으로 자유롭게 논쟁을 벌일 수 있다는 사실을 보여줍시다.

그들은 자신들이 서로 다르다는 사실을 약점으로 생각하여 억누르려 하지 않는다. 오히려 서로 다른 여럿이라는 사실을 자신들의 가장 큰 강점으로 여긴다. 국장을 찍을 때마다 우리는 서로 다른 여럿이라고 선언한다. 서로 다른 생각들을 더욱 자유롭게 발전시키고 논의할 수 있게 하고, 그 다양함 속에서 얻어내는 자신들의 결론도 남들보다 더 뛰어나다고 믿는다. 그러기에 IBM이 시장을 지배하던 시절에 마이크로소프트가 자라나고, 마이크로소프트가 90퍼센트의 점유율을 자랑하는 순간에도 애플이 자라나고, 야후가 끝이라고 여겨지던 시절에 구글이 성장해간다. 그렇게 자라난 다른 생각들은 세계를 장악하는 힘을 얻는다.

다름을 인정하고 토론을 말한다

2009년 11월 19일, 손석희는 마지막 인사를 남기며 〈100분 토론〉의 고별 방송을 했다.

> 사회자라는 짐을 내려놓지만, 제 머릿속에서 토론이라는 단어는 떠나지 않을 것 같습니다.

손석희는 우리 사회의 토론 문화에 관해 이렇게 말한다.

> 한국 사회의 건전한 토론 문화를 가로막는 가장 큰 원인은 불신과 다름에 대한 관대함의 부족입니다.
> 우리 사회의 가장 큰 문제점은 의사소통의 부재입니다. 한 서클 안에서 끼리끼리 소통은 이뤄지지만 이 서클과 저 서클 간의 소통은 단절돼 있습니다. 이런 의사소통의 복원을 위해서는 서로 인정하는 것이 필수 불가결합니다. 역설적으로 말하자면 자신감의 부족 때문에 우리는 지금까지 서로 인정하지 못하고 있다고 생각합니다.
> 우리나라는 역사·문화적으로 '내놓고' 이야기하는 문화가 없었고, 집단 간 커뮤니케이션도 부족했습니다. 이질적인 집단에서 나오는 정보를 확인하고 수정하는 공간이 없으면 오해와 갈등이 증폭되기 때문에 사회 발전을 위해서는 토론 문화의 성숙이 꼭 필요합니다.

손석희는 우리 사회에 토론이 필요하고 토론을 항상 생활 속에 담고 살아야 한다고 이야기한다. 토론이란 무엇인가? 토론이란 생각이 서로 다른 사람들끼리 자기 생각을 논리적으로 주고받는 것을 말한다. 따라서 토론을 인정한다는 것은 중요한 한 가지 사실, 즉 생각이 다른 사람들이 존재한다는 점을 전제로 하는 것이다. 그러지 않으면 토론이란 있을 수 없다.

손석희는 왜 우리 사회가 다름에 대한 관대함이 부족하다고 말했을까? 우리 사회는 흔히 나와 생각이 다른 사람을 언급하면서 갈등, 대립, 분열이라는 단어를 많이 사용한다. 우리 모두의 생각이 하나로 통일되는 것을 정상으로 보고, 그렇지 못한 지금의 상황을 바꾸려 한다. 하나의 문제에 대해서 서로 생각이 다를 경우 이를 있어서는 안 되는 상황으로 받아들인다.

그러나 이런 상황은 늘 존재한다. 서로 다른 생각이 존재하는 상황을 자연스러운 사실로 받아들여야, 어떻게 서로 공존하고 상생하고 발전해나갈지를 이야기할 수 있다.

프랑스의 철학자 볼테르는 이렇게 말한다.

> 나는 당신이 하는 말에 동의하지 않습니다. 그러나 당신이 말할 권리를 누릴 수 있도록 죽을 때까지 싸우겠습니다.

1957년부터 1963년 영국의 총리로 재직했던 모리스 해럴드 맥밀런은 1960년 2월 3일, 케이프타운 남아프리카 공화국 국회에서 당시 영연방에 속해 있었으나 외교적으로 영국과 이견을 보이던 남아프리카 공화국 상하원 의원들 앞에서 연설한다. 이 역사적 연설에서 그는 다른 생각에 대한 관대함을 이렇게 말한다.

> 오늘날의 세계에서 우리 사이에 관점의 차이가 있다는 사실을, 우리는 친구로서 칭찬에 인색하거나 서로 비난하는 일 없이 함께 받아들여야 한다고 생각합니다.
> 양국 간의 차이는 이미 잘 알려져 있습니다. 이는 공공연한 사실이며 논란거리입니다. 이 문제가 존재하지도 않는 것처럼 입을 다물고 있으면 저는 결코 솔직하다고 말할 수 없습니다. 더군다나 아무리 중요한 문제라 해도 그에 대한 의견이 다르다 해서 협력 가능성이 약화될 필요도 없고, 그래서도 안 됩니다. 이 때문에 우리가 수많은 현실적 이익을 나눌 수 있는 가능성까지 희미해져서는 안 됩니다. 모든 문제에 모든 국가가 동의해야 한다는 것은 우리 연합의 조건이 아닙니다.

2012년 당시 민주통합당 국민통합추진위원장이었던 윤여준 위원장은 대선 과정에서 핵심 화두였던 통합과 민주적 리더십을 이렇게 말한다.

윤여준의 2012년 대선
찬조 연설

국민통합이라는 게 어느 한 특정 집단이나 가치를 중심으로 모든 국민이 뭉치는 것을 통합이라고 생각하고 있는 것 같습니다. 그건 통합이 아니라 동원입니다. 통합이라는 것은 대립이나 갈등이 없는 상태를 의미하는 것이 아닙니다. 상대방과 공통점을 찾아서 차이점을 해소하는 것입니다.

그렇다면 우리 사회가 토론에 약한 이유, 또한 서로 다른 생각에 관대하지 못한 이유를 살펴보자.

이 문제는 우리의 교육 문화와 밀접한 관련이 있다. 초등학교 시절 수업 장면을 떠올려보자. 선생님이 교실에 들어온다. 칠판에 무엇인가 열심히 적는다. 학생들은 선생님이 적는 대로 따라 적는다. 선생님이 칠판에 적은 내용을 설명한다. 수업시간 종료를 알리는 종이 울린다. "질문 있는 사람?" "이상 차렷, 경례!" "감사합니다."

이 과정에서 자신의 생각을 전달한 사람은 선생님 한 명밖에 없다. 학생들이 사용할 수 있는 질문 기회라고는 선생님이 설명한 내용 중에 이해하지 못한 부분이 있는지를 확인하는 과정에 불과하다.

그러나 이런 주입식 교육이 필요한 경우도 있다. 하나는 단기간 내에 대규모 군대를 양성해야 하는 경우이고, 다른 하나는 단

기간 내에 다수의 단순 노동자를 만들어내야 하는 경우다. 우리 사회는 군사 문화가 팽배하고 노동집약적인 경제가 급성장하면서 위 두 가지 요소가 합쳐지면서, 주입식 교육 문화가 강력하게 정착되었고 아직도 유지되고 있다.

결국 우리는 생각의 힘이 급격하게 증가하는 10대 시절에 생각 전달 능력을 꽁꽁 묶어둔 채 대량의 지식만을 주입받았다. 쓰지 않는 근육은 퇴화하기 마련이다. 머릿속에 든 것은 많은데 그에 대한 생각을 남에게 전달하는 능력은 퇴화해버린 기형적인 상태로 사회에 내던져진다.

다시 어린 시절의 기억을 더듬어보자. 우리가 학교나 가정에서 혼난 일들을 되짚어보면 대부분 잘못된 행동에 관한 일이다. 왜 동생이랑 싸우느냐, 왜 숙제 안 했느냐, 왜 공부 안 하고 텔레비전만 보느냐, 죄다 행동에 대한 것이다. 생각에 대해서 혼나거나 잘못을 지적 받아본 기억이 많지 않다.

이 역시 앞에서 말한 바와 같은 맥락에 있다. 행동은 눈에 보인다. 그래서 잘못된 행동은 바로 지적받는다. 그러나 생각은 내 머릿속에 있을 때는 눈에 보이지 않는다. 내가 아무리 잘못된 생각을 하고 있어도, 그 생각이 내 머릿속에 머물러 있는 이상 아무도 그것을 지적하지 않는다. 상대방에게 생각을 전달할 때 비로소 상대방이 옳고 그름을 알 수 있고 피드백을 줄 수 있다. 그런데 우리는 어린 시절 학교에서나 가정에서나 지식을 주입받기만 했지, 생각을 남에게 전달할 기회를 제대로 가지지 못했다.

표현하지 않았기에 드러나지도 않았고, 드러나지 않았기에 잘못을 지적해주는 사람도 없었다. 결국 우리는 다른 나라 학생들에 비해 월등히 많은 양의 지식이 주입된 상태로, 그러나 생각의 오류에 대해 상대방의 지적은 받아보지 못한 상태로 학창시절을 마친다. 결국 사회에 나온 우리의 모습은 세 가지 특징을 갖는다. 나는 이를 기형적인 지적 능력 상태라고 부른다.

첫째, 많은 지식을 가지고 있다.
둘째, 내 생각을 상대방이 이해하고 수긍할 수 있게 전달하는 능력은 배우지 못했다.
셋째, 상대방이 내 생각의 오류나 약점을 지적하는 기회를 자주 접하지 못했다.

그런데 사회에 나오면 갑자기 생각을 표현할 것을 요구받는다. 생각을 상사에게 보고하고, 반대 입장에 있는 다른 부서를 설득하고, 거래처에 회사의 입장을 납득시킬 것을 요구받는다. 이러한 상황에 처하면, 기형적인 지적 능력의 소유자는 다음 같은 세 가지 상황에 처한다.

첫째, 아는 것이 많기 때문에 내 생각이 옳다고 생각한다.

둘째, 생각 전달 능력을 갖추지 못했기에 상대방이 내 생각을 이해하고 수긍하지 못한다.

셋째, 상대방이 내 생각의 오류를 지적하는 낯선 상황에 처하면 감정적인 적개심이 앞선다.

결국 내 생각이 옳은데 상대방이 나쁜 사람이어서 말도 안 되는 주장을 하고 있다는 결론에 이르게 된다. 지적 성숙기에 이러한 기형적인 지적 능력 상태가 형성되면, 성인이 되어 아무리 말을 많이 해도 생각 전달 능력을 향상시키지 못한다. 이후에는 설득, 토론, 협상이라는 이름만 달았을 뿐 내가 내뱉는 이야기들은 모두 내 생각을 보호하기 위한 공격 수단이고, 내 머릿속에 떠오르는 대로 쏟아 붓는 소음이 된다. 동시에 상대방에 대한 적대감의 발로에 불과해진다.

퇴화된 CPU를 가진 컴퓨터끼리(생각 전달 능력의 퇴화) 정보를 과도하게 저장해둔 하드디스크에 의존한 채로 연결되어(과도하게 주입된 지식) 전력만 소모하고, 과열로 기계 손상을 유발하고, 오류만을 증폭시키는 사회가 되는 것이다.

다시 손석희가 말하는 법으로 돌아가보자. 손석희가 하는 말들을 찬찬히 들어보면 그의 말버릇이라고 해야 할 만큼 반복되는 말들이 있다.

그것은 어떤 근거에서 그렇습니까?

예를 든다면요?

이러한 입장에 대해서는 어떻게 반론하시겠습니까?

이러한 반론에 대해서는 어떻게 답변하시겠습니까?

이렇게 반복되는 그의 말 속에서 보통 사람들의 기형적인 지적 능력과 다른 손석희의 뇌 구조를 엿볼 수 있다.

첫째, 사실 인정의 차이: 하나의 사실에 대한 인식은 사람에 따라 서로 다를 수 있다.
둘째, 규범 인식의 차이: 무엇이 옳은 생각인지에 대한 입장 역시 서로 다를 수 있다.
셋째, 생각의 차이: 각자의 주장에 대해서는 항상 반대 주장이 있을 수 있다.

그리고 이런 다름에 대한 인정의 바탕에는 항상 다른 인식, 생각, 주장을 하는 사람에 대해서는 근거를 제시할 수 있어야 하고, 예를 들어 이해시킬 수 있어야 하고, 반대 주장에 대한 이해가 깔려 있어야 한다는 사고 틀이 전제되어 있다.

이 책에서 손석희가 말하는 법과 보통 사람이 말하는 법의 차이를 여러 가지로 분석해보았다. 이러한 차이의 밑바탕에는 사고 틀의 차이가 깔려 있다. 나는 또한 손석희 특유의 말하는 법에 대하여 이야기했다. 그러나 이를 통해서 궁극적으로 이해하고 배우고 익혀야 할 것은, 특유의 말하는 법을 만들어내는 그가 가지고 있는 사고 틀이다. 이 책의 앞부분에서 말하기의 기교나 심리적 꼼수를 익히는 방법으로는 결코 진정한 의미의 '말 잘하는 사람', '손석희 같이 말하는 사람'이 될 수 없다고 단언한 이유도 여기에 있다.

모든 색깔을 담아내는 강렬한 투명함

손석희는 누구도 흉내낼 수 없는 자신만의 강한 색깔을 가지고 있다. 그러나 그의 색깔은 빨간색도 파란색도 아닌 투명함이다. 강렬한 투명함, 혹자는 이를 자기 색깔을 적극적으로 드러내지 않으면서 자신만의 독특한 아우라를 만들어내는 스타일이라고 평가한다. 또 누군가는 그를 가리켜 이 사회가 가장 믿을 수 있는 중재자라고 평한다. 한 언론은 그의 균형감과 객관성이 발휘하는 힘을 이렇게 평가한다.

> 저널리스트의 기본 가치인 객관성과 균형이 그가 갖는 무기다. 인터뷰이가 말하고자 하는 바가 무엇인지 정확하게 물으려 하고, 그의 생각과 다른 견해에 대해서는 어떻게 생각하는지 강하게 묻고자 한다. 상식적 수준의 논쟁 영역으로 균형과 객관성을 유지한 채 인터뷰이를 끌고 오는 것이다.

손석희는 진행자로서의 중립성에 대한 자신의 생각을 이렇게 말한다.

> 문제에 대한 개인적인 생각은 있다. 하지만 자기 자신의 가치관에 따라 공적 영역인 방송을 진행해서는 안 된다고 생각한다. 진행자의 의견이 투영된다면 프로그램은 생명력을 잃는 것이다. 진행자는 균형을 잡고 가능하면 많은 의견들을 다양하게 담아내야 한다고 본다.
> 20년 나의 방송 생활 중에 여러 차례 질곡이 있었으나, 기본

훈련은 균형을 지켜야 한다는 것이다. 어느 한쪽을 선택하는 것은 익숙하지 않다. 스스로 단련된 것이든, 방송에서 배운 것이든 간에 훈련의 결과가 그것이다. 그래서 나한테는 균형을 찾으려 노력하는 것이 더 익숙하다. 그리고 그것이 나의 임무이고 역할이라고 생각한다.

손석희는 중립을 지켜내는 자신의 고뇌를 이렇게 말한다.

무엇이 중립이고 공정이고 균형인가? 정답은 없고 늘 고민하고 추구해가는 과정이라고 본다. 기계적 중립이 옳으냐? 그건 아닐 수 있다.

토론 진행은 '당신은 틀렸다'고 외치고 싶은 유혹과의 싸움의 연속이다.

그는 자신이 정답을 찾지 못하고 끊임없이 고민한다고 고백하지만, 중립성, 공정성, 균형감은 고민의 크기만큼이나 이제 타의 추종을 불허하는 손석희의 아이콘이 되었다. 2011년 3월 22일, 홍준표와의 인터뷰에서 손석희는 이렇게 말한다.

홍준표: 손 박사가 어떻게, 보니까 오늘 아침에 보니까 정운찬 총장하고 친한 것 같네. 사회를 편파적으로 해요. (웃음)

손석희: 제가 그렇게 진행하지 않는다는 건 잘 아시지 않습니까?

우리 시대에 어느 누가 "한쪽 편을 든다"라는 상대방의 말에 "그렇지 않다는 건 잘 아시지 않습니까?"라고 답할 수 있겠는가? 손석희는 어떻게 스스로 고민하던 중립성, 공정성, 균형감의 문제에서 최고의 자리에 오를 수 있었을까? 무엇이 그를 이 시대가 가장 믿을 수 있는 중재자로 만들었을까? 지금까지 손석희가 한 말들에서 답을 찾을 수 있다.

첫째, 그가 우리 사회에 자리 잡기를 갈망하는 다름에 대한 관대함이다. '가능한 많은 의견들을 다양하게 담아'내려는 노력이다. 그것이 소수의 생각이라는 이유로, 많이 배우지 못한 사람의 생각이라는 이유로, 사회적으로 비난받는 사람의 생각이라는 이유로 토론의 장 밖으로 밀어내지 않는다.

우리는 흔히 틀린 말을 하는 사람을 만나면 그의 입을 막으려 애쓴다. 그러나 손석희는 틀린 말을 옳은 말보다 더 귀담아 듣는다. 그리고 반론을 제시하고 대답을 끌어낸다. 어둠을 몰아내려고 쫓아다닌다고 어둠이 없어지진 않는다. 어둠은 빛을 비출 때 비로소 사라진다. 손석희는 우리 사회의 다양한 색깔들이 토론의 장에서 서로를 비추고 빛을 발하게 한다.

둘째, 이성과 합리에 대한 자신감이다. 왜 우리 사회는 다른 생각에 관대하지 못할까? 왜 그들의 입을 막으려 애쓸까? 왜 다른 의견에 적개심부터 가질까? 이는 나와 다른 생각을 하는 사람이 나에게 피해를 줄 수 있다는 두려움 때문이다. 칼을 휘둘러대는 적 앞에서는 누구나 두려움과 적개심을 느낀다. 그래서 손에 잡히는 것은 무엇이든 집어 던져 적의 칼로부터 자신을 보호하려 한다. 그러나 총을 가지고 있다면 칼을 휘둘러 위협하려는 적은 더 이상 두려운 존재도 아니고 적개심을 불러일으키는 존재도 될 수 없다. 언제든지 총으로 제압할 수 있는 상대일 뿐이기 때문이다.

손석희의 관대함은 자신감에서 나온다. 관대함을 자신감의 다른 표현이라 볼 수도 있겠다. 그릇된 의견도 수용하며 이에 맞서 이성적으로 자유롭게 논쟁을 벌여 올바른 길로 갈 수 있다는 이성과 합리에 대한 자신감이다. 그렇기에 손석희는 자신과 같은 생각을 하는 사람만을 초대하지 않는다. 프랑스의 인종차별주의자도 초대하고, 일본의 제국주의자도 초대하고, 모든 잘못은 상대방의 계략 탓이라고 주장하는 다수당 의원도 초대한다.

그러나 이러한 손석희의 자신감은 지적 능력에 대한 과신에서 나오지 않는다. 그는 이러한 이성과 합리의 힘을 청취자들에게서, 대중에게서 찾는다. 손석희는 늘 입버릇처럼 말한다.

저희는 청취자 여러분들만 믿고 가겠습니다.

손석희는 자신의 방송 진행 원칙을 이렇게 말한다.

화제를 다룰 때 가능한 한 당사자들의 이야기를 날것으로 전하고, 판단은 온전히 청취자에게 맡긴다.

손석희는 우리 대중의 이성과 합리의 힘을 긍정한다. 긍정에는 두 가지가 있다. 하나는 현상으로서의 긍정이고, 다른 하나는 당위로서의 긍정이다. 손석희가 내보이는 이성과 합리에 대한 긍정과 자신감은 당위의 긍정이고, 당위로서의 자신감이다. 손석희는 당위의 긍정을 이렇게 말한다.

저는 억지로라도 낙관적으로 보고 싶습니다.

우리나라 사람들이 이성적이고 합리적이어서가 아니라, 그렇게 되어야 하기 때문에 긍정하고 자신하는 것이다. 한 언론은 손석희에 대한 요구와 기대를 이렇게 표현한다.

> 그렇기 때문에 손석희는 대중에게 완벽하게 공정한 사람이 돼야 한다. 그가 특정 사안에 대해 대중의 기대를 배반하거나 자신의 독단적인 의견을 냈을 때, 손석희는 자신들의 목소리를 대변하는 사람으로서의 신뢰를 잃게 된다. 물론 손석희가 특정 정파의 사람들에게 시원한 소리를 해줄 수도 있을 것이다. 그러나 그 순간부터 손석희는 사실 여부를 떠나 서민이 아닌 특정 지지층의 목소리를 대변한다는 의혹에 시달리게 된다. 그의 영향력은 대중으로부터 나오고, 그는 대중의 여론의 동향을 가감 없이 전달하면서 더 큰 지지를 얻는다. 그러나 그렇기 때문에 손석희는 영향력이 커지면 커질수록 '모든 대중'의 여론을 반영해야 하고, 그들에게 영향력을 행사할 수 있는 발언은 자제하게 된다. 그래서 자연인으로서의 손석희와 달리 방송인 손석희는 모든 문제에 대해 객관적인 초인이 돼야 한다.

손석희는 이러한 대중의 기대를 충족할 수 있는 우리 시대 유일한 중재자가 되었다. 그리고 판단은 온전히 청취자들에게 맡긴다.

이제 우리는 손석희라는 중재자를 얻은 대가로 서로 다른 생각들을 이성과 합리로 소화해내야 하는 과제를 부여받았다. 이 과제는 우리 사회가 지적 야만의 시대에서 지적 문명의 시대로, 다수의 힘만을 주목하는 시대에서 서로 다른 생각을 관대하게 수용하여 다양성에서 우러나는 힘을 얻고 하나로 발전해나갈 수 있는 시대로 넘어갈 수 있는 디딤돌이 되어준다.

▶ 손석희가 말하는 법 제9법칙

서로 다른 생각들을 관대하게 수용하라.
이성과 합리의 지렛대로 하나 됨의 힘을 얻어라.

12장
생각은 내일을 향하되 말은 오늘에 집중한다

오늘을 검증한다

앞선 박근혜 인터뷰에서 보듯이 사람들은 미래에 대해 이야기하기를 좋아한다. 단, 미래란 예측할 수 있을 뿐 검증할 수 없다는 특징이 있다. 4년에 한 번씩 선거철이 되면 이러한 불편한 경험을 하게 된다. 우리 사회에서 미래에 관한 말을 늘어놓는 사람들의 특징은, 그들의 생각은 반대로 오늘에 머물고 있다는 점이다. 오늘 자신이 얼마나 표를 얻을 수 있을지, 이 선거에서 이길 수 있을지에 초점이 맞춰져 있다.

손석희는 반대다. 손석희의 생각은 미래를 향하고 있지만 그의 말은 오늘 우리 앞에 일어난 일에 집중한다. 앞선 이근재 씨 사건의 인터뷰에서 상대방은 자신들이 용역 직원을 고용했고, 용역 직원들을 이용해 대대적인 노점상 단속을 했지만, 이근재 씨의 죽음은 자신들과 무관하다고 주장한다. 손석희는 이 대화를 이렇게 마무리 짓는다.

> 결과는 뭐냐 하면, 이분들은 노점을 하고 있었고, 빼앗겼고, 폭행을 당해서 다음 날 목숨을 끊었습니다.

손석희는 논쟁에서도 철저히 오늘을 직시한다. 2011년 7월 6일, 새롭게 한나라당 대표로 선출된 홍준표와의 인터뷰에서 이렇게 말한다.

손석희: 정책적인 면에서 설득이 잘 안 될 경우에는 그러면 어떻게 하실 생각이십니까?
홍준표: 설득되도록 해야죠. 안 될 경우를 왜 상정합니까?
손석희: 그런 경우가 가끔 있었기 때문에요.
홍준표: 손 박사는 지금 일 안 되는 걸 전제로 어떻게 일을 합니까? (웃음)

손석회: 아닙니다. 왜냐하면 여태까지 그런 모습들을 좀 보여왔기 때문에 그래서 드린 질문이었습니다.

2010년 5월 25일, 당시 안상수 인천시장 후보와의 대화는 오늘을 검증하는 사람과 내일 일어날 일을 늘어놓는 사람의 대조를 잘 보여준다.

손석회: 예, 알겠습니다. 3기와 4기 해서 8년 인천시장을 지내셨는데, 8년 시정에 대한 유권자들의 평가, 나름대로 어떻게 파악하고 계신지요?

안상수: 그렇습니다. 8년간 280만 시민 여러분들을 모시고 정말 많은 일을 해냈습니다. […] 하여간 앞으로 4년을 더해서 저는 인천을 아시아의 뉴욕으로 만들겠다는 그런 기치를 내걸고 다시 한 번 시민들과 함께하렵니다.

손석회: 어제 민주당 송영길 후보는 인천시 부채가 7조 정도로 재정이 어려워졌다. […] 이런 주장을 내놨습니다.

안상수: 우선 부채가 7조라는 건 이제 거짓말입니다. […]

손석회: […] 7조 원에서 이자 5퍼센트만 잡아도 하루에

한 3천 5백억쯤 되니까 한 달에. 하루에 한 10억 정도 나가는 것이 아니냐, 이 문제를 지적한 것인데요. […]

안상수: 그러니까 재정을 잘 모르시거나 아니면 그냥 일부러 현혹시키려고 하는 것이고요. […] 그때까지는 송도 등 경제자유구역에서 약 한 10조 정도가 들어오게 돼 있습니다. 그건 뭐 그것에 비하면 아무것도 아니고요.

손석희: 송도에서 10조가 들어온다는 건 어떤 계산법인가요?

안상수: 앞으로 20년 동안에 송도 등 경제자유구역에서 인구가 급격하게 늘죠. 우리가 인구가 한 350만가량 될 겁니다. […] 포스코건설이 R&D센터라든지 시스코라든지 이런 대기업들이 많이 들어와서 세원이 많이 잡히게 되죠. 20년 동안 다 하면 10조가량 될 겁니다.

손석희: 예상은 얼마든지 할 수 있는 문제인데요. 그것이 과연 실현되느냐 하는 것은 역시 차후의 문제이긴 한데.

안상수: 제가 하면 다 할 수 있어요.

손석희: 예?

안상수: 제가 하면 다 할 수 있다고요. 지금 잘하고 있는데 괜히 잘 못한다고 그냥 그렇게 우기고 다니고 있는 겁니다.

오늘을 말하는 손석희는 자신과 자신이 속한 언론의 역할과 문제에 대해서도 냉철하고 현실적이다. 그는 우리 시대의 언론이 처한 현실을 이렇게 말한다.

자본주의가 팽창하면 언론은 당연히 비대화된다. 그걸 권력이 어떻게 할 수는 없다. 언론은 지금 watchdog(감시견)과 lapdog(애완견)을 넘어 guard dog(경비견) 역할을 한다. 경비견은 이미 자신이 기득권자가 되어 기존의 사회체제를 지키고 침입자가 발생하면 가장 먼저 짖는다. 상대가 정부라 하더라도 자신의 기득권 체제에 침입한 것으로 간주하면 싸운다는 것이다. 따라서 정부는 이미 경비견이 된 언론을 정치적으로 통제하려 하지 말고 법 규정과 시민사회에 맡겨야 한다.

SBS가 저 정도의 콘텐츠로 갈 수 있는 것도 옆에 공영방송이 있기 때문이죠. 문화방송이 광고로 운영되어도 공영방송의 이념을 강요할 수 있다는 것은 아주 중요한 일입니다. 이것으로 만족 못하고 문화방송이 더 철저한 공영방송이 되려면, 말이 안 될 수도 있다고 생각할지 모르지만 시청료까지도 받아야 합니다. 세상이 모조리 자본주의화되는데, 방송이 공공재 구실을 하려면 필요한 거죠. 자본이나 기타 권력에 목줄 안 잡힐 수도 있고, 시청률 크게 신경 안 써도 되고, 프로그램도 공익적일 수 있고. 공영방송이 필요하고, 보다 공영다워져야 한다는 데 동의하면 시청료 줘야 합니다. 광고에 매달리면서 어떻게 공익적 방송이 나옵니까.

더 풍요로운 우리의 미래를 생각하지만 오늘을 보는 그의 냉철하고도 현실적인 시선을 엿볼 수 있는 대목이다.

차가운 오늘, 뜨거운 미래

모든 지도자들은 미래에 대해 이야기한다. 그중에는 조직과 민족과 인류의 발전을 이끄는 위대한 지도자가 있는 반면, 다른 사람들을 고통으로 몰아넣는 지도자도 있다. 그들은 어떤 점이 서로 다를까?

양자의 차이점은 미래에 관한 이야기가 아니라 오늘에 관한 이야기에서 찾을 수 있다. 위대한 지도자들이 미래를 이끄는 힘은 오늘을 냉정하게 직시(直視)하는 데서 나온다. 오늘의 아픔을 똑바로 바라볼 수 있는 능력이 있기에 그 아픔에서 벗어나려는 힘도 강렬하다. 그것이 다가오는 모든 변화에 대응하고 어려움을 이겨내며 더 나은 미래를 구현하는 추진력이 된다. 그들은 철저히 오늘을 말하지만, 그들의 생각은 미래를 향한다.

구성원들을 고통으로 몰아가는 무능한 지도자들 역시 미래를 이야기하지만, 그들은 오늘의 아픔을 절절히 느끼지 못한다. 나만 믿어라, 다 잘될 것이다, 내가 하면 된다는 그들의 말은, 내가 생각하지 못한 장애물이 하나만 생겨도 결과는 달라질 수 있다는 허언에 불과하다. 그들이 볼 수 있는 오늘이란 별 문제 없이 그럭저럭 돌아가는, 또는 돌아가야 하는 세상일 뿐이다. 그 속에서 투덜대고 시끄럽고 불만 많은 사람들이 몇 있을 뿐이고 아무런 문제가 없다. 그렇기에 그들의 입은 미래를 말하고 있지만, 생각은 별 문제 없는 오늘에 머물러 있다. 그들에게는 오늘의 아픔에 대한 절박함이 없고, 더 나은 미래에 대한 불굴의 의지도 없다.

차가운 오늘을 바라보고 그 아픔과 문제에 공감하는 위대한 지도자의 모습을 오바마는 2004년 연설에서 이렇게 표현한다.

시카고의 사우스사이드에 글을 읽지 못하는 어린이가 있다면, 비록 그 아이가 제 아이가 아니라 해도 그것은 제 문제입니다. 어딘가에 약값을 내지 못해 약값과 집세 사이에서 갈등하고 있는 노인이 있다면, 그분이 제 할머니 할아버지가 아니라 할지라도 제 삶은 더욱 가난해집니다. 어느 아랍계 미국인 가족이 변호사의 도움도 못 받거나 적법한 절차 없이 체포된다면, 그 사건은 제 인권을 위협하는 것입니다.

그는 이러한 현실을 어떤 미래로 바꾸어가야 할지 힘차게 역설한다.

오늘 밤 저와 같은 절박함을 느끼신다면, 저와 같은 열정을 느끼신다면, 저와 같은 희망을 느끼신다면, 11월에는 플로리다에서 오리건까지, 워싱턴에서 메인까지, 미국의 전체 국민들이 일어날 것이며, 이 나라가 그 미래를 새롭게 개척하리라 믿어 의심치 않습니다. 그리고 마침내 우리는 이 기나긴 정치적 어둠에서 벗어나 보다 밝은 날을 보게 될 것입니다.

손석희는 노점상의 죽음에서 시민들이 내야 할 세금 계산이며 광고주의 경비견이 된 언론의 모습에 이르기까지, 철저히 현실적으로 오늘을 말한다. 그의 냉철한 인식을 통해 청취자들은 더 나아져야 할 우리 사회의 모습을 생각하게 된다. 그는 차갑게 오늘을 말함으로써 듣는 이로 하여금 뜨겁게 내일을 생각하게 한다.

▶ **손석희가 말하는 법 제10법칙**

오늘을 차갑게 직시하라.
그리고 뜨겁게 내일을 생각하라.

13장
숫자로 생각을 말한다

데이터가 관념을 이긴다

2010년 3월 25일, 손석희는 재선에 도전하는 오세훈 당시 한나라당 후보와의 인터뷰에서 이렇게 말한다.

> 서울시민들의 실제 삶의 질이 향상됐다고 보느냐 하는 질문에는 당연히 그렇다고 답변하실 것 같은데요. 도시 문제를 연구하는 일본의 모리기념재단이 2009년에 발표한 자료에서 보면 전체 35개 도시 중에 종합순위 12위를 했는데, 다만 거

주 분야에 있어서 다시 말해서 집값이라든가 그건 뭐 서울시 혼자서 해결할 문제는 아닌 걸로 알고 있습니다만 취업 환경, 안심, 안전, 도시 생활 기능, 이런 거주 분야에서는 꼴찌에서 두 번째를 하는 바람에 즉 서울이 34위로 나와 있던데요.

2005년 12월 13일, 손석희는 이계진 당시 한나라당 대변인과 사학법 개정에 관해 인터뷰한다. 당시 한나라당은 개방형 이사제 도입을 골자로 한 사학법 개정으로 전교조가 학교를 장악하고 좌편향 이념 교육을 할 수 있다고 주장하며, 사학법 무효 투쟁 및 우리 아이 지키기 운동본부를 구성하고 의원 20여 명은 국회의장실을 점거해서 의장 사퇴 등을 요구한다.

손석희: 개방형 이사 추천은 어디서 하는 건지는 알고 계시겠죠?
이계진: 예.
손석희: 학교운영위에서 하죠. 거기에서 전교조가 점하는 비율이 몇 퍼센트인지 혹시 알고 계시지요?
이계진: 제가 수치는 기억 못하고 있습니다.
손석희: 6퍼센트거든요. 그런데 어떻게 이 개방형 이사를 전교조가 6퍼센트, 겨우 6퍼센트를 점하고 있는

상황에서 좌지우지할 수 있다고 보는지, 그 부분은 너무 앞서가는 생각 아니신가요?

논리적 커뮤니케이션에서 말을 잘하느냐 못하느냐를 구별하는 기준은, 그 사람이 자신의 주장만을 늘어놓느냐 아니면 주장을 뒷받침하는 사실을 말할 수 있느냐는 점이다. 그 사람의 말이 주장에 관한 관념적 이야기인지, 사실을 드러내는 구체적인 이야기인지를 구별하려면 말 속에 숫자가 얼마나 들어 있느냐를 따져보라.

자신의 말에 숫자를 담는다는 것은 자신의 주장을 뒷받침할 사실을 세밀하게 들여다보았음을 의미한다. 위도와 경도를 정확한 수치로 표현하면, 이 지구상에 있는 모래 한 알의 위치도 정확하게 찾을 수 있다. 이는 숫자가 세상의 근원이라고 보았던 피타고라스학파의 철학이 사실의 관찰을 핵심으로 하는 서양 자연철학의 출발점이 된 것과 무관하지 않다. 손석희가 말하는 법은 이렇게 관념 대신 데이터에 기반한다.

위대한 지도자의 치밀하고 강력한 논리, 수치

세계적으로 위대한 지도자들의 말에서 공히 확인되지만 우리나라

지도자들의 말에서는 찾아보기 어려운 것이 수치다. 자기 생각을 말하면서 수치를 말하는 경우를 보기 어렵다. 오히려 수치에 관한 질문을 받더라도 구체적인 수치는 실무자와 확인하라고 답하는 경우가 종종 있다. 그들에게 수치는 아랫사람들이 챙기면 되는 문제다. 장대한 비전을 말해야 하기에 시시콜콜한 수치까지 기억하기에는 너무 바쁜 사람들이다.

미국의 45대 부통령이자 노벨 평화상 수상자인 앨 고어는 허리케인 카트리나로 막대한 피해를 입은 2005년 9월 9일, 샌프란시스코 모스코니 센터에서 연설을 했다. 그는 미국 정부가 환경 문제의 심각성을 인식하고 이에 즉각 대응해야 한다면서 이렇게 말한다.

> 지난해 일본에서는 태풍이 열 번 발생하면서 태풍 발생 빈도 신기록을 수립했습니다. 그 전까지 최고 기록은 일곱 번이었습니다. […] 지난해 미국에서는 토네이도가 1,717회 발생하면서 토네이도 발생 횟수에서도 역시 신기록을 수립했습니다. […] 지난해 여러 도시의 온도 역시 기록적인 수준에 이르렀습니다. 올해 미국 서부 2백여 개 도시에서 신기록을 세웠습니다. 투손의 기온은 연일 섭씨 37.7도를 넘으면서 신기록과 동일한 기록을 세웠고, 리노에서는 총 39일 동안 기온이

섭씨 37.7도를 넘어섰습니다.

〈뉴욕타임스〉가 선정한 지난 천 년간 최고의 혁명가이자 인도 화폐의 얼굴인 간디는 1922년 3월 18일 인도 아마다바드 최고 법정의 재판 진술에서 인도인을 억압하는 도구로 사용되고 있던 당시 사법제도에 대해 이렇게 말한다.

이 나라의 법은 그 자체로 외국인 착취자들을 위해 사용되었습니다. 펀자브의 결혼법에 대해 공평하게 조사한 결과, 판결 사례의 96퍼센트가 상당히 심각한 수준이라는 사실을 알게 되었습니다. 인도의 정치계를 겪어본 결과, 유죄 선고를 받은 열 명 중 아홉 명은 전적으로 무고하다는 결론에 이르렀습니다.

맥밀런 전 영국 총리는 케이프타운 연설에서 외교상의 이견에도 불구하고 영국과 남아프리카공화국은 서로 긴밀히 의존하고 있다면서 이렇게 말한다.

남아프리카 연합정부가 최근 실시한 조사에 따르면, 1956년 말 이곳 해외투자액의 3분의 2가 영국 자본이었습니다. 영국이 휘청거리는 전쟁을 두 차례나 치른 뒤 자본을 남김없이 짜

낸 결과였습니다. [⋯] 여러분이 우리에게 농산물과 금 등의 원자재를 수출하면 우리는 여러분에게 소비재나 자본재를 보냈습니다. 우리는 남아프리카 연합 수출품의 3분의 1을 사들였고, 남아프리카 연합 수입품의 3분의 1을 우리 제품으로 공급했습니다.

말을 잘한다는 것은 그럴싸한 말장난이나 기교를 부리는 것이 아니다. 상대를 압도하는 논리는 세부 사항은 아랫사람에게 맡기는 장대한 시각에서 나오지 않는다. 어딘가에 떨어져 있는 모래 한 알까지도 정확하게 찾아내려는 치밀한 사실 인식에서 나온다. 계산하고 따져보고 맞춰보는 치열한 노력에서 나온다. 우리 지도자들이 실무자들에게 맡기는 하찮은 수치, 거기에 강력한 사실의 힘이 있고, 논리의 카리스마가 있고, 말 잘하는 비법이 있다. 진실은 언제나 밑바닥에 있다.

▶ **손석희가 말하는 법 제11법칙**

생각을 숫자로 말하라.
사막의 모래알도 찾아낼 수 있는 힘을 갖는다.

14장
듣고 있는 제삼자를 고려하는 말하기

내뱉는 말하기 vs. 전달하는 말하기

노무현 정부 시절인 2004년 8월 11일, 손석희는 당시 이병완 청와대 홍보수석과의 인터뷰에서 이렇게 말한다.

> 손석희: 대개 이런 경우 말씀을 나누다 보면 전체적인 맥락이 떠나가버리고, 일정 부분만 이렇게 특화되면서 비난의 대상이 된다는 불편함을 갖고 계시죠?
>
> 이병완: 네, 그렇게 여러 번 생각하고 있습니다.

손석희: 그러면 그런 현상을 해소해야 될 텐데요. 그런 현상을 해소하기 위한 어떤 대처 방법이 있으십니까?

이병완: 그래서 저희들도 참 안타까운 부분이 많이 있는데요. 모든 부분에서 그렇지 않습니다만, 참여정부 이후에 어떤 대통령이나 또는 정부에 대한 시각에 어느 일정 부분이 그렇게 좀 비춰지는 부분이 있는 것 같습니다. 그리고 그런 걸 통해서 또 일부 언론에서 생각하는 그런 편의적 이익을 도모하는 거 아닌가, 그런 생각이 들기도 합니다.

손석희: 그렇다면 말이죠. 한 가지 제안을 좀 드리도록 하겠습니다. 이병완 홍보수석께서는 저희 프로그램에 이미 두 번 나와주셨는데요. 그런 오해를 푼다는 차원에서 물론 나와주신 거겠죠. 좀더 자주 언론과의 접촉을 그야말로 맥락을 알릴 수 있는 형태로 해주셨으면 좋겠고, 그것은 이병완 홍보수석 뿐만이 아니고 대통령께서도 예를 들면 저희 라디오와 인터뷰를 못하실 이유는 없는 거 아니겠습니까?

이병완: 예.

손석희: 텔레비전 토론에 못 나오실 이유도 없는 것일 테고요. 그러면 맥락이 그대로 전달되면서 오해가 있다면 그 오해가 줄어드는 거 아닐까요?

이병완: 그런 부분에 진행자의 제안을 저희들도 다각도로 검토를 하겠습니다.

〔…〕

손석희: 이제 일방적으로 어떤 것을 전달하려다 보면 그런 오해가 생길 수도 있는데요. 예를 들어 기왕에 토론 공화국을 표방하셨으니까 토론 형태로 참여하신다든가 하면 그런 오해는 훨씬 줄어들지 않을까 하는 게 저희들의 생각이기도 하고요.

    우리나라에서 언론의 자유가 (실효성 있게) 보장된 이래, 지도자의 발언이 문제된 경우 이에 대한 역대 지도자층의 공통 반응이 있다. 원래 그런 뜻이 아니었는데 언론에서 전달하는 과정에서 본 뜻이 와전되었다는 것이다. 무슨 뜻일까? 돌려서 말하기는 하지만, 결국 자신은 문제될 만한 발언을 하지 않았다는 의미다. 더 내심을 말하면, 자기는 제대로 말했는데 듣는 쪽에서 잘못 듣고 잘못 전했다는 의미까지 포함하고 있다.
    그렇다면 말하기는 언제 시작해서 언제 끝나는 것일까?

흔히 머릿속에 떠오르는 생각을 언어로 구현하고 성대를 울려서 말을 내뱉으면 말하기는 끝났다고 생각한다. 3백 년 전 가내수공업 시대의 사고방식이다. 생각해보자. 말을 하는 이유는 무엇일까? 자신의 생각을 상대방에게 전달하기 위해서이다. 결국 말이라는 것은 자신의 생각을 상대방에게 전달하기 위한 수단이요 매개체일 뿐이지 말하는 것 자체가 목적은 아니다. 수단과 목적을 혼동하는 것이야말로 실패에 이르는 지름길이다.

제조업자는 어떤 물건을 만들어야 소비자들의 욕구를 충족시켜줄 수 있을지 고민해야 하듯이, 우리도 어떻게 말해야 상대방이 내 생각을 정확하게 이해할 수 있을지부터 고민해야 한다. 이것이 생각나는 대로 말하는 사람과 생각 전달을 위해서 말하는 사람의 차이다. 말하기는 입으로 내뱉으면 끝나는 것이 아니다. 상대방이, 아니 제삼자까지도 그 말을 통해 내 생각을 이해할 수 있을 때 비로소 완성된다.

어떻게 말할지가 아니라 어떻게 들릴지를 생각한다

2011년 11월 5일 토요일, 손석희는 MBC의 〈나는 가수다〉라는 음악 프로그램을 기획하고 초기 PD를 맡았던 김영희 PD와 인터뷰한다. 토요일 인터뷰는 논리적인 공방이 아니라 청취자들이 궁금해하는 사람을 만나 편안한 대화를 나누는 시간이다. 김영희 PD는 〈나는 가수다〉의 1회 경선에서 최고참 선배인 김건모가 탈락하고, 이로 인해 참가자들의 감정이 격해지자 김건모에게 재도전 기회를 준 일로 결국 해당 프로그램에서 물러난 바 있다.

김영희: 지금도 사실은 저는 제가 다시 〈나는 가수다〉에 복귀해서 이걸 잡으면 재도전을 주는 게 맞다, 라는 생각을 하고 있습니다.

손석희: 그러세요?

김영희: 예. 그런데 그게 방법적으로 사실은 시청자 분들에게 '탈락시키는 것만이 아니라 이게 재도전 주는 옵션도 있다. 그래서 우리가 이 재도전을 한번 물어보고 7위에게, 그분이 한번 다시 재도전하겠다 그러면 이렇게 다시 기회를 주는 쪽으로 가겠다'라고 미리 양해를 구해놓고 알려둔 상태에서 재도전 여부를 물었으면 저는 아직도 괜찮았을 거라고 봅니다.

손석희: 그런데 그 당시에 그 전제가 없었기 때문에.

김영희: 전제가 전혀 없었기 때문에 사실 원칙을 굉장히

위배한 것이죠.

〔…〕

손석희: 아까 그렇게 말씀하신 것이 자칫 기사가 나갈 때 '김영희 프로듀서 다시 복귀해도 재도전은 허락한다' 이렇게 나오면 또 어떤 오해를 받으실 수도 있는데, 그 전제가 있다는 걸 분명히 말씀드려야죠.

김영희: 그럼요.

손석희: 그러니까 '사전에 그런 것이 양해된 상태에서, 라면'이라는 전제를 붙이신 거죠.

김영희: 그렇죠.

이 인터뷰를 보면, 김영희는 이 대화 당시 다시 복귀하더라도 재도전 기회를 주는 것이 맞다, 라는 발언을 했다. 그사이 손석희는 이 말이 다른 사람들에게 어떻게 들릴지를 생각한다. 대중들에게 자극적인 이야깃거리를 던져주기 좋아하는 사람들이 김영희의 말을 확대 해석하고 단편적으로 부각시킬 수도 있다는 점을 감안한다. 그리고 자신의 프로그램에 편안한 일상 이야기를 나누기 위해 출연한 김영희가 여기서 한 말로 다시 곤란을 겪을지도 모른다는 점을 생각해서 흔치 않은 행동을 한다.

바로 다른 이야기를 하고 있는 김영희의 말을 자르고 끼어들어

김영희가 어떤 전제에서 한 말인지를 다시 분명히 밝혀준 것이다. 손석희는 말하는 사람의 입장뿐만 아니라 말을 듣는 사람, 그 말을 이용할 수 있는 사람, 그 말로 인해 피해를 볼지도 모르는 사람들의 입장에서 듣고 풀어내고 단서를 단다.

손석희에게 말하기란, 사람의 입을 통해 나오는 언어가 빚어내는 물리 현상이 아니다. 자신의 생각을 다른 사람들에게 정확하게 전달할 수 있는 지적 활동이다. 그래야 사회적인 역할을 하는 말의 고유한 가치를 드러낼 수 있기 때문이다. 따라서 손석희의 말하기는 입 밖으로 나올 때 끝나지 않는다. 상대방의 머릿속에서 이해될 때 비로소 완성된다.

▶ 손석희가 말하는 법 제12법칙

말 잘하는 사람은 말을 많이 내뱉는 사람이 아니다.
내 생각을 남에게 잘 전달할 수 있는 사람이다.

나가는 글

실천하는 지성, 손석희

손석희에 대해서는 두 가지 비판이 있다. 하나는 출연자들에 대한 질문이 지나치게 공격적이라는 것이다. 다른 하나는 우리 사회의 여러 문제들을 맨 앞 자리에서 맞이하면서도 행동하지 않고 말만 한다는 것이다.

이 두 가지 비판에 대해서는 다른 관점에서 접근할 수도 있다. 우리 시대 행동하는 지성의 실천은 오로지 물리적인 행동이라는 잣대로만 평가할 수는 없다. 지위 고하를 불문하고, 자신에 대한 유불리를 따지지 않고, 사회에 더 많은 정보와 더 정확한 정보를 주고, 이를 통해 대중이 올바르고 합리적이며 이성적인 판단을 할 수 있게 하는 손석희의 질문들은 우리 사회 여느 지성인의 행동에 비해 결코 소극적이지 않다.

손석희는 대학생들과의 대화에서 우리 사회 지성인으로서의 역할과 책임을 이렇게 말한다.

> 아무런 문제의식도 없는 상황에서 사회에 진출하는 것은 너무도 위험한 일입니다.

손석희가 말하는 법, 그 능력의 밑바닥에는 냉철한 문제의식이 있고 우리 사회가 직면한 문제에 대해 깨어 있는 지성이 있다. 요한 바오로 2세는 조국 폴란드에서의 연설에서 깨어 있다는 것을 이렇게 말한다.

> 깨어 있다는 것은 다른 것을 동시에 본다는 의미입니다. 자신에 함몰된다거나 편협하게 나만의 이익, 나만의 견해를 추구하지 않습니다.

손석희는 평생을 두고 추구하겠다고 다짐하는, 자신이 생각하는 좋은 방송을 이렇게 말한다.

내가 생각하는 좋은 방송이란, 어느 사회에서도 강자가 있으면 약자가 있는데 약자들의 목소리를 소외되지 않고 균형 있게 다루어주는 것이다.

다가가기 어려운 그의 차가운 말투 뒤에는 언제나 약자에 대한 따뜻한 배려가 있다. 좋은 방송에 대한 손석희의 생각과 신념과 실천은 인도의 초대의 총리 네루의 말을 상기시킨다. 그는 인도가 독립하는 순간에 이렇게 말했다.

우리 시대 위대한 인물의 야망은 모든 이들의 눈가에 맺힌 눈물을 닦아주는 것이었습니다. 이는 우리의 능력 밖에 있는 일이지만, 세상에 눈물과 고통이 있는 한 우리의 과업은 끝나지 않을 것입니다.

20년 전 우리에게 꽃미남 아나운서로 1분 뉴스를 전하던 손석희, 그는 지금 50대에 접어든 방송인으로서 토론을 말하고, 정의를 말하고, 옳고 그름을 구별하는 인간의 가장 기본적인 본능에 대해 말한다. 미국 역사상 가장 영향력이 컸던 퍼스트 레이디로 꼽히는 엘리너 루스벨트는 이렇게 말한다.

아름다운 젊음은 우연한 자연 현상이지만, 아름다운 노년은 예술 작품이다.

손석희가 말하는 법

첫판 1쇄 펴낸날 2013년 8월 1일
18쇄 펴낸날 2021년 6월 1일

지은이 부경복
발행인 김혜경
편집인 김수진
편집기획 김교석 조한나 이지은 유예림 유승연 임지원
디자인 한승연 한은혜
경영지원국 안정숙
마케팅 문창운 박소현
회계 임옥희 양여진 김주연

펴낸곳 (주)도서출판 푸른숲
출판등록 2003년 12월 17일 제 406-2003-000032호
주소 경기도 파주시 회동길 57-9, 우편번호 10881
전화 031)955-1400(마케팅부), 031)955-1410(편집부)
팩스 031)955-1406(마케팅부), 031)955-1424(편집부)
홈페이지 www.prunsoop.co.kr
페이스북 www.facebook.com/prunsoop   **인스타그램** @prunsoop

ⓒ부경복, 2013
ISBN 978-89-7184-695-7(13320)

* 이 책은 저작권법에 의해 한국 내에서 보호를 받는 저작물이므로
  무단 전재와 복제를 금합니다. 이 책 내용의 전부 또는 일부를 사용하려면
  반드시 저작권자와 (주)도서출판 푸른숲의 동의를 받아야 합니다.
* 잘못된 책은 구입하신 서점에서 바꾸어 드립니다.
* 본서의 반품 기한은 2026년 6월 30일까지 입니다.